오빠 달려 노래주점

오빠 달려 노래주점

지역문학총서 48

초판 1쇄 발행 2025년 12월 16일

지은이 김보성
펴낸이 강수걸
편집 강나래 오해은 이선화 이소영 이혜정 유정의 한수예
디자인 권문경 조은비
펴낸곳 산지니
등록 2005년 2월 7일 제333-3370000251002005000001호
주소 부산시 해운대구 수영강변대로 140 BCC 626호
전화 051-504-7070 | 팩스 051-507-7543
홈페이지 www.sanzinibook.com
전자우편 sanzini@sanzinibook.com
블로그 http://sanzinibook.tistory.com

ⓒ김보성
ISBN 979-11-6861-550-2 03810

* 책값은 뒤표지에 있습니다.
* 잘못 만들어진 책은 구입처에서 교환해드립니다.

산지니시인선 029

오빠 달려 노래주점

김보성 시집

산지니

시인의 말 하나

가려워서
긁었다

차례

시인의 말 하나　005

바느질　013
로켓 모텔　014
여행　016
게이트볼장　017
에프 킬러　018
아들　020
횡재　021
난희　022
이렇게 산다　024
공양　026
토란　028
삼복　030
팔십　032
열무김치　034
오빠 달려 노래주점　035
서리 맞은 고추　036
순애 언니　038
업　040

밑 복	042
동지	044
높은재	046
자귀꽃	048
등록금	049
자궁	050
제비꽃	052
도라지꽃	054
송이	055
본동댁	056
이웃	058
꽈리고추	059
싹 난 종자	060
혼인날	062
설마	064
하루꼬	066
먹구랭이	068
망고	070
서울역	071
길 위에 남자	072
모루	074
나팔꽃	076
아버지	077
유 목수	078

끈	079
수리수리 수수리	080
여름 이야기	082
봉자	084
사월 초파일	086
누렁이	087
창수 아제	088
오이소	090
스님 엄마	092
한가위	095
수영장	096
시어머니	098
자린고비	100
벚꽃 세례	102
천일홍	103
불나방	104
홀아비	106
보복	107
다알리아	108
근식이	110
땡기네 소주	112
어떤 장례식	113
박 교장	114
윤점자	116

도루묵	118
풍디아가지	120
골방	122
대추나무	124
생각 따로 말 따로	125
곰보 배추	126
하의 실종	128
화숙이	130
히야신스	132
텃새	134
바나나	135
기회라도 한번 주지	136
두 남자	138
노루오줌	140
백중사리	142
세신사 남편	144
옥미희	146
쳉헤르	149
배추김치	150
보리싸리	152
아직도	154
갱년도 없나	156
구충제	157
송학다방	158

중앙시장 160

부부 162

거미 164

줌 166

요충 168

노총각 홍길 170

파장 172

호랑나비 174

복어 176

밤꽃 178

해설: 김보성의 성애시와 당혹의 미학_박태일 181

바느질

소심한 남편
몸엔 붉고 검은 용 그려
젊을 땐 제 잘난 맛에 살더니
나이 드니
뱀 대가리같이 쪼그라든다며 심란해했다

비뇨기과
울리불리 울리불리
잔 구슬 큰 구슬 번갈아 돌려 넣고
크게 보이냐?
뭐꼬 징그럽게
누이 좋고 매부 좋다 아이가

하이고
마누라는 커서 기웠는데
자기는 키우냐

로켓 모텔

건축 일하는 남편
뒷머리 새집이다
갔다 올게
좀 바르고 다녀
뭐 하러 청소하면 땀나는데

늦네? 반기는 모텔 주인
육 층 5호
자기 방 청소되어 있을 거야
숨 내뱉으며 입고 온 옷 개어놓고 샤워
건포도 같은 유두
억센 잔디
그물 팬티에 몰아넣어도 몇 가닥 내민다

이 사장님 시간 되세요?
일 대강 처리해 놓고 두 시에 만납시다
네 사람 왔다 간 뒤 정리하니
여섯 시쯤

벽에 기대 화장 지우고 씻는다
사십만 원

가는 길에 통닭 한 마리 사고 학원비 내면 되겠다

여행

공항에 나타난
명희, 늦다
왜 늦었노?

비스듬히 누운 남편
뒤통수에 대고
며칠 동안 못 보는데 숙제나 하고 가지
하여튼 뒷북치는 데는
머리 망가진다이 쫌 조심하고
빨리빨리 해라

에이 씨
쫓끼모 서나

게이트볼장

요즘 그 여자 안 만나는 거 같대
좋아했잖아
생활도 괜찮다면서
뜸 들이더니
말을 말게 장소가 따로 없어 그것도 한두 번이지
만났다면 들이미니
니미, 늙으니 그것도 힘들어

혀로만 하라니
환장하지
환장해

에프 킬러

대학병원 일주일
요양병원 한 달
만져지는 젖가슴 덩어리 수술
얹혔던 약이 내려갔는지 양푼째 밥을 먹었다
오랜만에 비도 오고 끌어당기길래 못 이기는 척했었다

살을 파고드는 간지러움 긁고 긁어도 시원하지 않아
거울을 놓고
그곳
가르마 타고 수풀을 훑었어
자세히
어디서 데려왔는지
이도 서캐도 아닌 놈 칙칙하고 어두운 곳 좋아하는
세면바리
남세스러워
남세스러워

차마 병원도 못 가겠고

여자가 사람 잡네
사람 잡아
명태껍데기 몇 겹을 벗기노

아들

침대 양쪽으로 묶인 손
간호사, 환자 상태가 심각해요
어떤데요?
다음엔 그냥 있지 않을 겁니다

열흘 뒤
자 환자분 손목 풀었으니
보호자분 안으로 들어오세요

겹겹 홍합 속으로 손가락 바쁜 어머니

횡재

콩밭 마저 매는 여자
몸 담글 참새미 생각에 손 날래다

관세음보살 관세음
마을까지 얼마나 걸리겠소
한참 내려가시면 됩니더

흠 음음
괜한 헛기침 밭고랑을 건너며

그 그 내미 대단한 기라

뭐라카요
까끄럽다, 까끄럽다
중놈 대가리 같을까

난희

만난 지 이십 년
삼십 대 후반 그녀
우짜다가 집 나왔노?
첨엔 헤어질 생각이 아니었죠
택시 기사 남편, 화투 치는 걸 몰랐으니 쩔쩔매는 꼴 보고 싶어
아이 두고 나왔는데
이혼이 그렇게 되더라고
배운 거 시원치 않아, 요식업 취직하여 여러 해
고객과 사귀고 주방 실장과 살 섞어
통장 무거워지니 옆에서 그냥 두지 않더라고
좀 까먹었지
오십 후반 병원 구내식당 근무 중
청춘사업? 여전하지
뜯어 갈 놈만 만나져

그동안 스쳐 간 개불이 몇인 줄 알아
몇인데?

오십하고 네 마리째

이렇게 산다

급히 들어서며
옷 왔제?
응 입어 보셔
거울 앞 이리저리 비춰봐도 턱을 치는 앞산
술이 들어가면 가만두지 않는다
일찍 여읜
어머니 그리움인지

오늘 같은 기회 놓칠세라
다른 옷을 더듬는
눈
바지 셔츠 두어 벌 더 골라
싸줘 어서
일어나기 전에 카드 긁어야 돼
아저씨 알면 어쩌려구
또
그건 한 달 뒤 일이고
훔쳤어?

아니 죽였지

대낮에?

공양

남편하고 헤어지고
남자 댓 명 스쳐 갔지만 아이 생기지 않았다

자그마한 절
공양보살
노스님과 젊은 스님 두 분 계신데 신도도 많지 않고 편했다
젊은 스님 밤마다 잔기침
약 달고 사는
행사 때 장보기며 심부름
같이 다녔다

일 년쯤 됐나?
체해서 내과 갔더니 산부인과로 안내
임신
신도 알기 전에 절에서 나왔지만
보란 듯이 배 내밀며 열 달
딸 얻고 백일

돌이 돼 가는데 앉지도 서지도 않는 아이
안집 할머니
앉혀 보소
설 때 됐는데 늦돼도 정도가 있지
아 아부지
독한 약 묵다 했지요?

다른 절로 간 젊은 스님
어두워지면 올라오시오
축 늘어진 아이 업고
산길
똥 마렵듯 눈치 살피며 하룻밤 보내고
돌부리 덜 깬 새벽 내려온다

토란

형수 형수 하며 몇 십 년
아들 장가들고 남편 저세상 가는 것까지 봤다
대문 맞댄 이웃
세찬 비로 피해 없나 살피다
밭두렁에 미끄러져
찢기고 속옷까지 둘둘 말려 누가 볼까 벌떡 일어나니
앞집 우 씨
어느새 왔는지 손잡아줘
아이고 깜짝이야
괜찮소?

지난 새벽
아래채로 기어들어 온 소
왜 이라요 아즈벰
취했네
가서 자소
위채 아들 내외 자니 이러지도 저러지도 못하고

벌벌 떨리는 팔다리
한 번이 문제지 수시로 들이미는 뿔
문고리 매달리며 이러지 마소

앞발 안 되니 뒷발로 쳐들어온다

삼복

밤새 문대다가 입 벌리고 푸푸
늦잠이다
여든셋 영감
껍질 안 벗겨졌나 몰라
쇤들 배겨날까?
밖에선 안 그런 척 집에선 허덕허덕
사십 이후 칸막이 이발소 매독 옮아 몇 년
그나마 숨 쉬었는데
늙어서도 줄어들지 않는 거 보면
씨부랄
더덕 힘인지
무시라
무시라

같이 육십 년
앉은 자리 허연 비늘 꼬부랑 흰 털
청소기 들고
저리 비키소

에헤
비키라카이

이제사 막 쫓는다

팔십

초복 지나 중복으로 가는 한낮
이러나저러나 더운 날
벗고 누워 뒹굴다가 근육 없는 다리 근질거리는 등
붙어 있는 시늉만 하는 거
쓸 수나 있을까?

젊은 날
봉천동 지하 칸막이 이발소
면도가 끝나갈 무렵 자꾸 스치며 힘 오르게 해놓고
오빠, 오천 원에 할래요?
명절이라 시골 가고 손님이 없네
그 후 단골 되었다
에어컨 튼다며 그곳에 물파스 발라놓고
시원하지 응 응
뭐꼬, 아이고 따가버러
한창때였다

띠리리 띠띠

마누라 왔나?
대문 누르는 기척에
이놈 미리 죽었다

열무김치

옆을 지나는데 침이 고여
돌아서면 무성해지는 뜰, 치마 입고 잡초 한 주먹씩 뽑는데
집게벌레가 그곳 물어 털고 털다 집중 공격 몇 방을 더 물려
화장실서 진정시키고 나오다 물기 묻은 발 잘못 디뎌 꼬리뼈 부딪쳐
장마에 물러 내린 호박 떨어지듯 한나절 누웠다가
퇴근하는 영감한테 화풀이다

누워보소 약 바르게
하필이면 중앙이네 어허허
아야 살살
아 야야
살살 좀 하소

그새 퇴근한 아들
들어가도 됩니꺼

오빠 달려 노래주점

오후 여섯 시 출근
새벽 세 시 퇴근
좋은 시절 다 가고 기린 목 빼는 금요일
작업복 청바지 남자 둘
들어서자마자
사장님, 둘이요
알죠?
예쁜이들로
두 시간 놀다 갈 거니까
맥주 주시고 부를 때까지 들어오지 마세요
옮긴 벌통 같더니

한 쌍은 의자 돌려놓고
포개졌고
다른 쌍은 서서 부빈다

다음날 옥상에 소파 말렸다

서리 맞은 고추

점심시간
회사 앞 경비실
웬 여자, 자기 남편이랑 연애했다며 찾아왔다

서리하는 년
얼굴 좀 보자
너까지 네 명째야
시어른 계시고 제사 일곱
아들 둘이다
이 미친년

옥희
나이아가라 폭포 머리
좁은 입가엔 금방 쥐 뜯은 립스틱
걸음걸이 낭창낭창
가시나
많이 갈아탔네
하다 하다 가정 있는 놈이가

맛 보면 총각 시시하다 안 카더나

순애 언니

오동동 뒷골목 어둠이 내리면 구멍마다
붉은 등
이어진 아가씨 골목
좁은 길 지나는데 뒤에서
덮친 택시
꼬꾸라진 틈을 비집고 누군가 일으켜 세웠다
정신 드세요?
듣던 소린데
반쯤 열린 젖가슴 엉덩이 끼운 짧은 치마
검은 피부
아랫방에 세 들어 살던 순애
언니야
언니야
얼마나 궁금했는데
타일공장 그만두고 여기 있었나?
전화번호 주면 안 되나?

야,

뭐 하냐?
손님 오실 시간인데
그 남자
우리 쪽으로 소금 뿌렸다

업

괜찮다 싶은 데가 한 군데도 없는
딸
작은 키
옆으로 퍼져 부끄럽다고 안 나간다
고양이 강아지만이 바깥 공기 전해주는데

언제부턴가
가슴이 커지고 갑갑하다
숨차다
이상했다
나가지도 않는 애를 두고 희한한 생각하다니

너 너
먼저 고개 숙였다
맞지?
누군지 말해 책임을 물어야지
열 달 금방인데
빨리

빨리
몇 시간째 닦달에도 다문 입
다음 날
머리채 잡았다
누구냐고?
울다가 쉬다가 울더니

가리켰다
제대하고 온 동생 방

밑 복

여러 달 고쳐서 마침내 천장 보고 누웠다
옛날 친정 생각에 울다가 웃은
두 달
놀면 뭐 하겠노
용화사 마지막 찻집 같은
쌍화차
오천 원이면 될까?
소문은 금세
예순 넘어도 여자라고
대마디 고추, 곡괭이 고추
모여들어 꽉 찬 집
못질 수도꼭지 다는 건 서로 해주겠단다
저녁 먹었냐?
놀러 가자
자리 모자라 안방까지 내어주니 머리 대고 누울 짬도 없다
틈이 나 잠깐
커튼 뒤 속옷 갈아입다 인기척이

에구머니나

남자 세우고 섰다

동지

아지메 아래채 방
세 놓으소
엉망인데 들어 올 사람 있나?
예
이삿짐이라고 달랑 옷 몇 벌
나이 든 아내와 젊은 신랑
매일
노란 냄비 뚜껑 뒤집어 훌훌 불며 라면이었다
이장
저것들 뭐하는 찌꺼레기들이고
내보내소
보기 딱해 김장김치 동치미 손 바쁜 엄마
군불 때는 아버지
그 둘은 눈뜨년 화투 놀이
옷 벗기 게임
내기에 진 여자 하나씩 옷 벗었다
겉옷부터 속옷까지
벌리고 앉은 빨간 팬티 속 깊은 웅덩이

밤이 되면
마당 끝 오줌 갈기고 담배 연기 도넛 날렸다
아랫방에
동네 어중개비들 돌찌귀 닳도록 드나든다

추위나 지내고 내보내야지 뭐

높은재

한 시간 오르면 옴박하고 평평한
아랫동네 들판이 훤히 들어오고
바람이
치마를 뒤집어 바지만 입어야 하는 곳

옥희
초등학교 때 아버지 돌아가시고 집 나간 지
오래되었다

다라이만 한 선글라스
벌건 입술
씰룩이는 엉덩이

가가 많이 변했대
칸막이 면도사 하다
부자 영감님 집에 들어갔다 아이가
집 안에서
비치는 옷만 걸치고 거의 옷을 못 입게 했다 쿠데

어쨌거나
그 덕에
친정 식구 살았지 뭐

늙어 높은재 와서
웃음 많아진
그녀
배운 도둑질이라며 요양원 이발 봉사
긴 손톱 부러졌다며
엄살이다

자귀꽃

나무 아래 남자 둘
그중 한 남자
지나가는 여자에게 묻는다
혹시
이 꽃 이름 아세요?

자귀꽃 아입니꺼

네?
자지꽃예

등록금

비즈니스 호텔
장기 출장 온 일본인과
토요일 밤을 보낸다

학기 시작 내일 모래
등록금 급한데
단골 몇몇 안면 튼 사람
전화하면
몸살기 있다
피곤하다 돈 뜯길까 봐 피한다

1305호실 앞
딩동
바바리코트 길어 속옷은 원래 안 입는다
잠 깬 일본 아저씨
코트 펼치면
백이면 백 끌어당긴다

자궁

자고 나면 아이 생겼다
열하나
제주 무 같은 첫째아들
둘짼 울퉁불퉁 감자
그 담은 쌍둥이 딸
딸 밑으로 번갈아 배고 낳아 아이가 아이 키웠다
낮잠 자다 손에 걸려 입에 넣었더니
똥이었다
바쁘니 스스로 하는 아이들
큰아들은 대학 때 사법시험 합격
판사 되어
집안일까지 판결 내렸다

첫째야 먼저 혼인해라
그 담은 비혼주의자
야야 비혼이 뭐꼬?
짝 맞춰 오면 줄줄이 혼인시켰다

칠십 후반
영감 가버리고

목욕탕에서 훌러덩 빠진
아기 집
큰며느리 보기 전에 얼른
주워 넣었다

제비꽃

쉰 후반에 혼자

게이트볼
시작해 빠지지 않고 다녔는데
일 년 되니 어느 정도 늘었고 자주 만나 소개 시간 가졌다
유난히 간들간들 날아갈 듯 첫눈에 든
미래 설계사였다는
그녀
혼잡니다
관심 가져 주세요
하도 다가가는 남자 많아 표현하진 않았다
차츰
차츰
궁금한 날이 더해 갈 쯤
몇 번 같이 차를 탔는데
입은 바싹 더듬더듬 돌덩이 된 사타구니

마음 급한데 다가오지 않아
이러다 기린 목 되겠다
포기해야 하나

저 어떻게 생각해요?
반가운 소리에
어제와 다른 세상 되었다

물어 찾아왔다는 전 시동생
희한한 기라예
전 남편 둘씩이나 죽었는데 압니꺼?
단디 하이소

도라지꽃

중 이학년
쉬는 시간이 되면 덕이 자리에 모였다
어젯밤엔 어땠어?

방과 방 사이에 봉창
삼촌 취한 날
저 방에 아 있소
괜찮다 마
밤이면 맹꽁이 뽁뽁뽁
찰지다
우는 건지 웃는 건지
숙모

같은 상에 밥 먹기 싫어
도라지밭에 침 뱉고
매점에서 하드 먹었다

송이

무당, 공돈 안 먹는다
남편 복 없다

양양 오일장
떠밀리듯 다니는데 시장 구석에 한 뿌리 송이 담아 놓고
 오만 원 오만 원
옹골져유
외치는데 땀이 검다
남자 둘
거뭇거뭇한 물건이 자기 것보다 크다느니 작다느니
대보며 은근히 추파다
사세요
빨리 가야 해유

치, 암만 지껄여도
방에 누운 송이 못 따라간다

본동댁

  과수원 거름 넣고
  경운기 뒤에 앉아 마을 앞 불룩한 턱을 넘다 떨어졌다
  보소, 저거 아부지요

  뒤에 차라도 따라왔으므
  죽었을 끼다
  문디 영감
  쯔쯔 탈이 한참 났다 통통 붓는 거 본이
  어두운 도로가 앉아
  성질머리 더럽은 영감
  욕을 실컷 하는데

  탱탱탱 되돌아오니
  귀에 대말 좆을 박았소
  으이

  이웃 아지메

그 집 싸워사도 자고 나면
암말, 숫말 없데이
소문났다 아이가 바깥양반 물건 좋다고
하루도 없으모 안 된다
기부스하고도 그냥 안 있었을 끼다, 아메

이웃

앞집 산부인과 원장
항상 남다르게 대했다

둘째 때 검진 갔었다
다달이 체크 하쇼잉
지나다가 어떠냐고 묻기를 여러 번
급하면 연락하쇼잉

열 달 가까이 되니 배 속은 권투 링 장
주르르 주르르
딸이요 딸
야무게 생겼다

서비스로
몇 바늘 더 당겨 꿰매 쓴께
나중 내 말할 끼요잉

꽈리고추

신랑 칠십
아홉 살 아래 예순하나 아내
합이 남다르다
쓱쓱 긁는 손재주
언 몸 녹이기 삼십 분
여자
배배 꼬인 고추 보고 엎어졌다
흑심이 있었구먼
매일 물 끼가?
그게 아이요
그라모 또 와 이라노

에헤 이왕 이래 된 거 고마
가마이 있어 보소
가마이
다 알아서 하께요

싹 난 종자

생김새는 육쪽마늘 귀퉁이에 붙은 못난이
재주 있어
사람 마음 움직이는 데는
회사에선 홍보 일 맡아 아는 이도 만남도 많다

여자 좋아해
백번 싫대도 한 땀 두 땀 정성 들여 넘어오게 만든다
하룻밤 지내고 나면
그때부터 다른 사람 쳐다보는 하루살이
상대는 뒤늦게 열 올라
같이 있자고 목맨다

하여튼 난 놈이야
셀 수나 있겠나?
보자
모들모들 모래 보지
몇 십 년 이끼 보지

형수 보지
처제 보지

그만하자 확
술이 깬다

혼인날

아깝다 아까워
우찌 저런 데 시집을 보내노
내사 처녀 늙히도 저런 데는 안 보내겠구만 모르지 카이
그 집 딸, 땟거리 없는데 인물은 와 그리 좋노
순아, 우리 형편에 논 몇 마지기 우찌 생길 끼고 니가 가야 우리가 산다
갈 끼제?
야, 오메 걱정 마소

혼인날 동네가 일어나고
구경 빨리 가세
택시 타고 땅딸보 장가온다
하이고, 색시나 품겠나
활옷 입은 새색시 상 밑에 눈물 굵다

이튿날 자고 난 이부자리
아이고 구실은 했네

됐다 됐어 우리 사위

일꾼 들어왔다 싶은지 신이 난 시어머니, 눈코 뜰 사이 없이 부른다
비닐하우스 안 땀은 비 오고
남편, 온종일 내 뒤만 졸졸

하, 앞을 보니 앞산이
뒤를 보니 뒷산이 불룩하다

설마

야윈 몸 잔기침
어머니
형과 나는 초등학교 때부터 청소나 심부름 맡았고
공기 좋은 동네 이사했다
폐병은 옮는다
소문 나면서 이웃은 오지 않았다
점점 걷지도 못하셨고
같은 방에서 장롱 끌어당겨 경계로 지냈다
어지러운 약봉지
내 이름 부르며
배가 고파
문을
긁고 두드렸다

교사 아버지
출근길
방에 들어가지 마라
습관처럼 귀를 대고 살폈다

어느 날
아무 기척 없었다

거제 바다
장례를 마친 후 흰 보자기에 분골 안고 방파제
한 줌 두 줌
세 번째 줄줄 부었다
맘껏 다니세요
빨리 가셔서

하루꼬

홍동에서 선암으로 시집가니
배 밭 천지여서
새댁 때부터 왜인 밭에 일했다

안짱다리 안주인
부러웠어
타닥이는 게다 소리 거슬렸지만 참을 수밖에

어느 여름 더 더운 날
두부자루에 비지 나오듯 신작로가 비좁아
흰옷
흰
옷 입은 사람들
자유다 이제
우리는
더는 참지 못한 숨비소리 터졌다

하루꼬 집으로 뛰어

도망가야지
쉿, 본국 안 가

삐뚤삐뚤 가리마 어설픈 쪽 짓고
낮은 걸음 샛길
쥐어 준 고방 열쇠

먹구랭이

여름밤 멱 감는 빨래터
여자 서넛 명
하이고 마 살결이 와 그리 희노
갈아입을 옷 둥천에 놓고 들어오이라
살살해
야야 뭐가 찹노 시집갈 나이에 폐병 환자맨키로
아이구 썬하다 잠 잘 오겠다
그때, 포구낭구 위에서 떨어지는
먹구랭이
하필이며 젖마개 우에 툭
순식간에
옥이 똘똘 감아 어디론가 델꼬 가뻿다
오메 우짜꼬
베라고 있었는갑다

몇 년 소식 없었다
시집간 줄 몰랐디이 아가 안 생긴다네
신랑 사업도 안 된다 카고

친정 옴마는 새벽 용왕님
우리 용왕님
그놈 땜에 그런 거 아이가?
아이 끼다

목욕하는데 보이 그도 맨들맨들 하던데 뭐

망고

까무 까무한 얼굴
접시만 한 눈
그녀가 왔다

딱딱한 방바닥을 탓했고 겨울을 밀쳐냈지
여가 있으면 해외전화

반질반질 열대 고양이 같은 아이
낳아
불안한 마음 잠시 놓였지만
툴툴대는 걸음걸이
투정 섞인 말투
자지러지는 아이 울음
취한 에나멜 구두 소리 잤더니

봐라
바람 들면 못 쓴다
안 카더나

서울역

새벽 비둘기
토한 빈대떡 한 판
훌훌 호래기* 넘기듯 하더니
발 붉다
뒤뚱
뒤뚱
걷지도 날지도 못하고
대자로 누워
나와 나오라고
한판 붙자

* 꼴뚜기과에 속하는 오징어의 경남 지역말

길 위에 남자

어디로 모실까요

아들 같은 또래 남녀
타자마자
언제까지 따라다닐 거야?
우린 헤어졌잖아
좋았냐?
누구 그것처럼 초등생은 아니더라
뭐라 확
그러게 있을 때 잘하지

고객님, 그만하시죠

사십 분쯤 가니
기사님, 대리비가 없어요
진작 얘기하시지
계좌번호 주시면 낼 넣어 드릴게
안 됩니다 잊으시면

부탁합니다

다음날 저녁때
드르륵
니기미다
삼만 원

모루

서울 간다
현숙이하고?
현숙이 아니고 저거 엄마
오빠 니 뭐라캣노?
아부지 아시모 우짤라고
다신 고향 안 온다

삼대 외동 내 새끼
과부하고 그렇고 그렇다니
남사스러워 앓아누우신
부모님
대장간이고 뭐고 다 필요없다
헛살았네
지 놈을 우씨 키웠는데
동네 여시하고 도주하다이
에라이
곡괭이 가져오이라

아버지
몇십 년 박힌 쇳덩이 들어내고
장 항아리 탕탕 부수더니
그날 밤 가셨다

나팔꽃

제대했다며
정류장에 자전거 대놓고
타라
중심 비뚤거리는 등 뒤 셔츠만 잡았다
다음날도 같은 시간 버스 정류장
모르는 척 여름 깨꽃 길 두 바퀴
너거 어울린다
멀리서 찾지 마라
기다려지는 퇴근 시간
그 오빠가 좋다는데 엄마
하루이틀 봤나
그 시어머니 밑에 못 산다

잊이쁘라
잊어쁘라

아버지

풀지게 진 언덕
한 발 두 발 더디고
바지게 위 초롱꽃
발자국마다 흔들리는 해거름

이쁘나?

툭툭한 농주 한잔
옥니 웃으시면
주름 밭에 홍수 나서
고랑 가득 빗물

몇십 년 어깨 풀물
양잿물도 어림없다

유 목수

천주사 부처님 앉히고 불당에 신도 이름 새겼다
가족 전부 올리고
오천만 원 시주한
회장님
사고 보상금 삼천만 원 올리는
부모
보살 용돈 모아 이백만 원
가만히 생각하니
부자 옆이 어디가 나아도 안 낫겠나
그 옆 이름 붙였다

유 원 수

끈

영정 사진 아버님
안방에 자리 잡은 지
오 년
단골집 팥빵
금방 나온 오만 원권
번갈아 놓으며 오늘도 다녀오겠다며 절을 한다
아들
살아생전 사방산 귀퉁이 누우실 자리라고
등산화 뒤축 닳도록 오르고 내리고
대봉 홍시 포항 가자미
밥상에 올리며
가시 바르고 입김 후후

사셔야 얼마나 사시겠노
이해해라

수리수리 수수리

김해 앞들
낮게 낮게 원을 그린다
그놈
비행기보다 크다

오십여 년 전
이모 집 동생 두 살 쪼작쪼작
걸음
여름 내내 뒷등 고구마밭 데리고 다녔다
한바탕 소나기
솔솔 자길래 잠깐 이웃에 갔다 오니
마루에 누운 아이 없어졌다
뒷등으로 갔나?
똥통에 빠졌나?
홍아
홍아
묶인 누렁이마저 의심하며 횃불 올려 반년을 찾았다

쉰 목으로 한 해 보내고
다시 봄
고사리 철이라 동네 어른, 아이 산에 올라
이 등 저 등 시끄럽다
누군가 꼭대기 평평 바위 올라서서
옷이다
맞네
맞다
홍이 찾았다

울고 섰다 아이
또 벌떡 깼다

여름 이야기

새벽 두 시
자동으로 떨어지는 눈
한 바퀴 뒹굴어 벽에 기대 보지만 다리는 더 무겁다
씻고 삶고 식히고

입에 풀칠은
싫으면 안 하고
하고 싶으면 하는 게 아니란다
아버지 말씀
귀에 못이 되어

땀은 속옷까지 젖어
꼬르륵 꼴꼴 배고픈데
그 와중에
다 된 죽솥에 생팥 몇 톨 떨어져
나무 주걱에
덜그럭
달그락

쇠주걱에
달그락 덜그럭

뜨거워 잡을 수도 찾을 수도 없다

봉자

무섭더라 많이

누군가 밀어 넣고 병실 문 닫았다
단둘이 할 말 많죠

윗입술 딸려 올라가 앞니는 툭 떨어진 토끼
시집갈 때 웃옷
빨강 치마 파랑 저고리 수의 입고
누웠네
고개 떨군 아이 둘

아잇적 호롱불 넘어져 화상 자국
여름 내내 긴 팔
나무뿌리 같은 몸
어느 남자에게 보일 수 있을까
백구마저 한숨 쉬었는데
늦여름 깨꽃 사랑 찾아와
급하게 볶더니

얼마 못 가 저버리다니

벚꽃길 장의차 오르다 멈추고 멈춰
에헤
뭐하요
노잣돈 놓으소

떨어져 나간 어깻죽지
호박소 뿌리고
돌아온다

사월 초파일

부처님 오신 날
절 마당에 덕석 깔고 자리 잡았다
올려다보는 법당

붉은 티셔츠에 흰 바지 오십 대
아내와 남편
백팔 배 어설프지만 열중이다
끝나갈 무렵
저걸 우야노
엉덩이 봐라 연등 붉다
부처님 오신 날이라 하필 흰색을 입어서
더하네

눈치챈 남자
여자 뒤에 바싹 붙어
기도고 뭐고 쎄 빠지게 된다

누렁이

벌어진 손톱 밑
해가 가도 아물지 않는 부모님

모내기 끝낸 들판
술통 맨 아버지
한복 자락 엄마 수양버들 뒤따르고
소나무 그늘 밑
고깃국 냄새
따라나선 난 얼마나 먹었던지
뱃가죽 힘줄 푸르다

아이고 배야
누렁아

장구 소리 풀숲에선
푸드득 팟팟
횡재하는 놈
네놈이다

창수 아제

낮에 마누라 불러들여
기어오르고
비 맞은 지게 독버섯이 피든 말든
일은 누가 할꼬
엉덩이만 논배미 고사리손까지 빌린다

아버지 또 돈 잃었는갑다
조심해 맞을라
내기판 돌다 개평 돼지고기 두어 점 집어먹고
마당 끝 변소 채 닿기 전에 속옷 내려
쫙쫙 쏟는다
불알 까고 어거적어거적
<u>요요요</u>
<u>요요요</u>
개 부른다

아부지

그래도 메리는 똥개 아이제?

오이소

자식 넷 혼자된 몸
아랫목에 시린 발 비좁아
소아마비 막내딸, 곪은 방바닥
뱁새 머리 당기며 마음 다졌다
새끼들 책임져야 해

다라이 이고
떡 장사
단속반 뜨면 숨바꼭질
잡숫고 가이소, 어디든 앉으면 전이었다
닭 울기 전
팥 삶아 설쿵설쿵
찹쌀 쪄 몽글몽글 비벼
부산진시장 어귀
맛있어요
저녁이면 제법 불룩해진 돈주머니
큰아들 볼세라

눈은 먼 산에 두고 소매 밑으로 몇 장 감춘다

스님 엄마

폴짝폴짝 아이를 보며 생각에 잠겼다
저만 했을 때였겠지
새 아버지는
엄마 안 계실 때 방에 불러들여
어른 놀이 하자
어른 놀이 하자
자주자주
도망가다 돌 모서리에 넘어져
자지러지는 시간

어린 나를
절간으로 데려갔다
스님 스님 딸 생각하면 잠이 안 옵니더
지 이린 것을 우짭니꺼
두고 가되
앞으로 찾지 마세요 보살님

아이는 나이 들수록 등 업은

꼽추
자식같이 여긴 엄마 스님 따라 스님 되었다

절 살림 빨리 배워라
바쁘다

초하루 지나고 이튿날 베고 누운 돈궤까지 두고 스님 엄마 세상 떠나셨다
힘든 그때
마을 꿈터 원장 전화
스님 재혼가정인데 새 아빠가 아이를 너무너무 싫어해요
데려갈까요?

아이고 손목이 와 이리 얇노
꼭 내 같노
이름 지어놨다
움직일 동 기쁠 희

동희
맘에 드나
이제 니캉내캉 둘뿐이데이

한가위

비릿한 생선 골목
질척질척
이걸 사야 하나 저걸 빼고 살까
물기 피해 거북걸음
여자
어이구 어지러워 닭집 앞에 넘어졌다
생닭 가게 주인 뛰어나와
119 불러
누군가는 가족한테 연락해야지
통화기록 봐
빨리빨리

휴대폰 열어본다
최근 통화
백 년 재수 없는 년
서울 동서

수영장

계속 만나졌다
그녀와 나
앞 시간 강습받고 느릿느릿 씻고 말리는 오십 대 여자
바빠 예사로 봤다
횟수가 거듭될수록 거슬리는 행동
가랑이 벌려 무성한 뚝새풀 닭볏까지 흔들리게 말리며
드라이기 독차지다
한마디 해 삐까 씨
아니야
참자

며칠 만에 갔더니
또 만났다
힐끔 보더니
요즘 젊은것들 입이 싸 하여튼
<u>쯔쯔쯔</u>

거울 앞에 방 붙었다
드라이기는 머리만 말리세요

시어머니

호텔 여자 화장실
겹겹 한복 헤집어 변기에 앉았다
휴유
뒤따라 또각또각 여자 둘
빤빤한 얼굴 봤제?
이놈 저놈 넘나들더니 덜떨어진 놈
물었네
그때 그 사람은 어쩌고
작정하면 남아날 남자 있나?

숨죽인 채 나가지도 못하고
까만 눈 얌전한 입술
그럴 리가 없는데
음 음 음
우째야 되노
이 일을

예식은 와 이리 기노

으이

자린고비

파마 값 좀 줘요
영감
뭔 머리를 달마다 하노
돈 타 쓰기 몸서리나
딸 오면 몰래 용돈 주려나 넘겨다 본 세월
가을 되면 밤이 되길 기다리는
아내
잠든 틈을 타
쌀과 콩 담을 넘겨 소소한 잡비 마련했었다

차츰
화단에 꽃 짓이겨 놓더니
작대기 들고 달려들기 여러 번
뭉텅이 돈 항아리 속에 두고 잊었다며
도둑 잡아라
그게 병인 줄 몰랐다

요양원 문 앞에서 손 흔든다

머리 흰 남자
지갑 꼭 쥐고
날 보며
오메, 잘 댕기 오소

저러고 말 걸
쯔쯔

벚꽃 세례

어린 시절 엄마
웃음소리 대문 앞까지 들렸다

아버지 사업이 망하면서 형제들은 쫓기듯 준비 없는 가정 꾸렸다
어머님
이 자식 저 자식 집 옮기면서
실타래와 삿대질 되어
장례식 날
슬픔보다 부끄러움이
더했다
벚꽃 길 내려오며 열 번 되뇌었다

젠장
고아가 별거더냐

천일홍

아가 그동안
욕 봤데이

아범 전화사기 당하고 맘고생 많았제?

귀퉁이 닳은 통장 내놓으며
오천만 원이다
내사 지금 죽어도 아까븐 거 있나
너거 잘살면 된기라

시설 갈란다
담에 꼭꼭 밟아 장사나 지내도

불나방

나무늘보 남자와 이혼하고
딸아이 데리고 안 해본 거 없었던
젊은 날

대낮 같은 불빛
전봇대 밑 취한 남자, 일행 있는지 확인하고 깨우는 척
여보 집에 가자
팔다리 허우적대며 오줌 지리고 구토물 베고 누웠다
길바닥에 이러고 있으면 우짜노

끌다시피 지하 술집 넘기고
삼십만 원 받아
새벽 퇴근길 오 년째
쫓기고 벌금 물고 아파트 부금 학원비
오르막뿐이다

늦은 저녁
코끼리 빌딩 지하 입구 귀가 시리다
엄마 엄마
됐어 됐다고
오메 우짜끼나 내 새끼 참 말이가

딸 경찰 시험 되면 당장 이 짓 끝낸다
그 날이 오늘이다

홀아비

멀리 나가 있는 딸아이
인터넷으로 전입 신고하니 가구주 승낙 필요하다 해
아버지 동회 주무관 앞에 섰다
딸, 이름이 뭐예요?
김지연 입니더
주민등록번호 아시죠?
언제였더라
전화번호 끝자리는요
잘 모르겠어예
아시는 게 없네요
긁적이는 떡 진 머리

휴대폰 떨구어 줍자니
동전 몇 닢 팅구르르 탁자 밑으로 흩어졌다

보복

환갑날

시집간 두 딸
손주 다 키워주고 나니
말마다 바쁘다
바쁘다
오후 네 시 넘어가는데
축하는커녕
아프다
병원 간다
에미는 뒷전이다
오냐 이것들

다음 세상은 니 딸로 태어나마

문자 보내고
이틀 동안 전화 받지 않았다

다알리아

아내
해마다 거름을 걸게 해
봉우리가 세숫대야만 해졌다.
정성 들이더니 얼마 보지도 못하고 떠났다

한쪽 날개 떨어진 새 되어
이 년
집 밖을 나가지 않았다

산책길 매일 같은 시간에 만나지는
그녀
초대해
손 떨리고 기분 좋아 목덜미 땀 나고 셔츠 젖었다

띵똥
아들이었다
보자마자
주둥이에 따벵이 몇 개 걸고

두 눈 흰자만 보이게 인사하더니

어머니 가신 지 얼마나 됐다고 이러세요

근식이

많이 팔아야 많이 받는
직장
낯가림 많고 말주변 없어
아침부터 밤까지 한 달 벌이 백 팔십
더 이상 살 수 없다
아내는 아이 둘 남기고 식탁 위에
찬밥 같은 편지 한 통

두렵다 그립다 하루가 이틀 되더니
일 년
이불 빨래하고
밥솥도 사들이고
여자 진저리났지만 희미해져 간다

집 앞
눈웃음 선한 소머리국밥 집 아주머니
덤으로 얹어주는 고기
갚을 길 없을까?

새벽
그녀 생각에
애꿎은 팬티만 축축해진다

땡기네 소주

손님도 재료도 끊긴 골목 오늘은 일찍 가라는 거구나
나가려는데
밀고 들어오는 남자 서넛 아즈메 술 고파요
닭볶음탕에 소주 각 일병
안 될까?
재료 떨어지고 없어예
마음 약해 되돌려 앉으라고 하고 생닭 집 뛰어서 파장에 떨이 두 마리
후다닥 손 놀려 고춧가루 휘감아 내놓으니
소주 두 병이 다섯 병
콩이야 팥이야 세 시간
비틀비틀 계산대 턱 괴고

사장님
날개 한 개 어쨌소?

어떤 장례식

여긴 연고 없는 분만 두고 가는 곳입니다

그곳,
분골 붓고 상복 벗고
운비둔비
차 되돌아가는데 돌아보는 이 없었다

상복공원 직원
어허
친구, 오늘도 소주 한잔 해야겠네

박 교장

 부인이 오 년 전 병으로 돌아가시고 넓은 집에 아들 내외 들어와 같이 산다 했다

 그의 아들
아버지께서 쓰러지셨어요
뒷날
퉁퉁 부은 며느리 문 열었다
시아버지
기저귀 갈고 시중드느냐고 밤낮으로 잠 설쳤다며
방문을 열자
코 막았다

 병원으로 가시게
서로에게 못 할 짓이네
눈에 물기가 돌았다

 이십 일쯤 뒤
돌아가셨다는 연락

미안하이 친구
아쉬움이 차라리 낫네

윤점자

다 주시진 않는 모양이야

꽃이 되었으면 얼마나 좋았을까
온 얼굴 닭벼슬
붉고 검은 점
걱정이 있으면 더하다

자식한테 죄지은 사람이라며 몇천 평 땅과 두 채 건물 남기고 가신
 부모님

성형하기엔 범위가 넓어요
사람 좋아 집은 항상 사랑방
옆집 할머니
남의 핏줄 등록금만 주지 말고
처녀도 세월 있다

몇 년 뒤

뭐가 그리 급했는지
비구니 계신 절 봉안당 지어주고 얼마 안 있어
자기가 첫 손님 되었다

도루묵

친정엄마와 남편은 세 살 차이
서먹서먹 딴청이다
아이라도 있으면 덜할 텐데

대학 졸업 앞두고 그를 만났다
포근함
오십 나이에 찢어진 청바지
내게 없는 자유스러움 헤어지면 죽을 것 같았다
또래는 눈 아래로 보였고
침대에선 더더욱 새 세상

혼인한 새댁한테
금세
손에 들린 전등과 수도꼭지
깨워야 일으키는 몸
부모 봉양까지
반대할 땐 이유가 있는 거였다

살다 보면
내보다는 일찍 가겠지

풍디아가지

장마철이면 토해낸 피 고랑을 타고
봄엔 살을 파먹고 가을에 뼈만 남는
그곳
가까이 가지 마라

혼인날 받아놓고 머리 감던 덕이
누군가 찾아와
앞집 아제 좀 불러주이소
따라 나갔다가 없어졌다

쑥 밀었다 죽였다
소문에
소문
기다리다 기다리다 다른 사람과 혼인한
영배

센 비에 삭은 꽃신 한 짝 흘러내려
동네 사람 몇이

새색시 신 같은데
쯔쯔
어디서 본 듯한데
어디서 봤더라

자다 벌떡 앉으며
맞다
그 신 덕이 꺼다
내가 안다

골방

사위가 저세상으로 떠났다
딸은 자식 셋 안고
울었다
엄마 이 일을 우짭니꺼
우짜긴 뭘 우째
살아야지

생각하다 작은방 여러 개 일본 가옥에서 술 팔고
안주 만들어 삼 남매 공부시켰다
 남자 속에서 장사하다 보니
 뒷물 찰방찰방
 밤이면
 누군가 기어들어 아침 빨랫줄에 팬티 두 장
 어미라도 모른 체 할 수밖에 없었다.

더디더디 삼십 년 지나갔다
외손녀는 혼인
외손자 꽉 찬 나인데

아직도
립스틱 덜 지운 아침
방문 빼꼼이 출근하는 아들 뒤통수 대고
아이고

어서어서 장가가거라
더 늦기 전에 남자하고 살림 좀 할란다

문디
고만 해라
며느리 볼 나이에

대추나무

봄부터 담 넘어와
가지 찢어지게 열렸다

어디서 함부로 몸을 놀리노
옆집
검둥이와 우리 진돌이 엉덩이 맞대고 씰룩인다
그 씨 받아 어디 쓰게
떨어져라
떨어져라 쫌
툭
툭

저 영감탱이
혼자인 날 깔본다
시도 때도 없는 눈빛 안 받아줬더니
들으라고
엉뚱한 놈 잡는다

생각 따로 말 따로

찌그덕 새
찌그닉 새
끌게 끌고 하세월
오일장 보러 가는 점례할메

아이고 더버라
감자 파는 아저씨
반바지 러닝 차림 쩍 벌려 눈 둘 곳 마땅찮다

고, 고메 이 킬로만 주이소

그건 임자 있는데예

곰보 배추

보고 또 보고
거울은 구멍이 났어도 한참 났지
흠 있으니 남자도 흠 있지
못 오르니 쳐다보지 마라
들머리 호야 오빠 두고 어찌 살라고
그 집에서 널 받아들이것나 택도 없다
혼인 전날
질척한 마당 비비며 울었다
시집가는 날 버선발 잘솜잘솜 콩을 심었고
폐백 드리는데
새댁 얼굴만 얽은 게 아니네
다리도 저네 쯔쯔

넓은 들 쳐다보면 명치끝이 아파 친정 가지 않았다

빛 없는 세월 기다려
깎고 문지르기 삼 년

옴박옴박 함지박 얘기 들어 보실래요
아버지

하의 실종

서부산 고속도로 요금소
대답하랴
계산하랴
휴지 버려주세요, 펴보면 전화번호
당신 사랑하면 안 될까?
출근길 눈곱 안 떼고 들이대는
늙은 남자
누님, 밥 먹고 노래방 한번 가요
새파란 동생뻘

둥글납작한 얼굴
삼 년을 오가며 인사했다
낯이 익으니 농담까지 해
사람 괜찮네

비 오는 출근길
좋은 아침입니다
내려다보니

보여 줬다
지 꺼

화숙이

우동 한 그릇 어때
그렇게 시작하여 소주에 돼지고기, 상추쌈 먹여주며
우리집서 자고 낼 같이 출근하자
여러 번

남자 고객과 서 있기만 해도
뭔 얘기했냐?
사귈 거냐?
저 언니, 날 아끼는구나

몇 달 뒤
또 같이 잤는데
비 와서 그냥 자다가 깼다
오돌톨톨 도깨비방망이 갖다 대며
한번 하자
어 어 어, 뭐고 이게

몰랐나?

닌 이미 내 끼야

히야신스

엄마 집 나간 지 일 년
마당만 바라보는
말 못하는 아버지

할머니께서 욕으로 밥 짓는다
사람도 아닌 년
가는 곳마다 배시려고
버리고
언제까지 젊은지 두고 볼 끼다

저 어린 걸 두고 눈을 우째 감노
그러시더니
몇 년 뒤
고등학교 일학년 때 돌아가셨다

꽃이 저리 이쁠까?
엄마 없어도 잘 컸네

용돈이다
문 열어라, 옆집 아저씨
어떤 땐 먼저 와 기다리고
귀 먼 아버지 돌아앉은 방

그는 개의치 않았다

텃새

오늘도 걸렸다

낯선 여자
야쿠르트 회칠한 불룩한 배 얼굴은 비릿한 들깨가루 범벅
음부
샤워기 대고 삼십 분 이상 물 흘려보내니
벼락이다

그 보소 물 좀 아낍시더
부추 삶기것소 으이

바나나

캄보디아 습지
물고기 잡아 연밥 짓는
동생 다섯에 큰딸
부모님 등짐 무거워 나이 든 농사꾼 남자
따라왔다

홀짝홀짝 숨어서 먹는 술
하루라도 거르는 날 없다
점점 더해만 가
방바닥에 마른걸레같이 누웠다가
부수길 시작하면
쇠그릇도 못 당해

검고 짓무른 멍 퍼지고 앉은
점점 배는 불러서 하루가 달라서
가기 싫었던 곳
눈 감으면 누웠다
고향

기회라도 한번 주지

젊은 날
뿔난 송아지
누구 말도 듣지 않았다
전원주택 개발업자 봄이 오면 일 많아져
주머니에 돈 들어오니
가는 곳마다 여자
헤어 나오지 못했다

소처럼 눈만 끔뻑이며 지켜봐 주더니
어느새 아내 마흔하고 쉰
갑자기 통나무 넘어가듯 갔다
일어나
일어나
악을 썼지만
염한 얼굴 편안했다
참 쉽네
애태우는 당신 없이
무슨 재미고

그날부터 멈춰버렸다
세상

두 남자

남편은 밥숟갈 놓으면 따스한 숭늉 그다음 과일
혼자 옴삭옴삭
습관 잘못 들여놓은 게 실수다
사십 초반 당뇨병 와서 나을 기미 안 보여
오냐오냐 했더니
밤일도 내력인지
피곤하다
친구네 간다 이 핑계 저 핑계
항상 혼자 됐다

참지 마세요
성인용품 다 있어요
그런 게 있어요?
바람 넣으면 살아나는 남자 매트리스 밑으로 데려왔다
살아나라
살아나라
남편 대신한 그가 나를 살렸다

애들 눈에 띌까 노심초사
이십 년 침대 밑 남자

이제 헤어지려 한다

노루오줌

취하면 다짜고짜 방으로 민다
또 와 이라노
거슬리면 눈 돌아가 벨트 휘두르고
자식이 있든 말든
누워라 빨리
앙
그게 너 임무 아이가
남자 없는 친정 얕본다

주인 할메
새댁 괜찮나?
밤새 잠을 못 잤다
이보게 정 씨
뭔 일이요
남 눈도 생각해야지 요즘 그렇게 사는 사람 어디 있노
　우리 부부 문제니 그쯤 하시죠
　허 꼴에 곧 죽어도

정신 나갔지
앞으론 절대 안 그런다

각서에 도장 찍고 또 찍어
한 번만 더 믿어도
풀자 풀자
말 듣지 않으면
핥다 빨다 꺽꺽 씹어 침 범벅을 해놓고
남이야 보든 말든
밖에 발가벗은 채 섰다

백중사리

앉자마자 꿰뚫어 봐서 기 눌렸다
내가 보이 허전하네
맞제?
법사님이 맞춰 보세요
요거 봐라 문제는 밤이네

주고받고 어찌나 잘 통하던지
콩이야 팥이야 밤새는 줄 몰랐다
그의 낡은 차가 안쓰럽고 뭐든 주고 싶었다
한참을 지냈다
그 집 천장 벽지가 누렇게 들어오더라

친정어머니 알면 뭐라 하실까?
정신 차려 이 년아
작정하고 붙었네
원통해라 먼저 간 내 사위
개 아가리 삼억 넣고 우찌 살래 우찌
그만 하세요 좀 그런 사람 아니에요

하도 그러기에 따지러 갔더니

낮 밤으로
힘들었으니 찾아오지 마

세신사 남편

세금이 있나
옷이 필요하나
나가면 돈인데 이런 직업이 어디 있노

화재로 플라스틱 공장 다 잃었다
좁은 빌라로 이사
할 일이 없어 목욕 자주 가더니
여보, 저 일 잘 할 수 있을 것 같애
힘들건데
하다 보면 요령이 생기지
당신은 애들이나 신경 써

새벽에 출근했는데 쓰러졌다
전화

병원 영안실
손과 발은 두부
사각팬티 안 숲에

허연 국수 가닥 때
따라왔다

옥미희

아이 둘 키우며
혼인 첫날부터 제사 여러 개 그렇게 삼십 년
얘야, 정성껏 모셔라

음으음 캑캑 목기침 아버님
절뚝이는 어머니 관절
전기세 아껴 어둡고 습한 집
숨 막히는 갱년기
살림하던 솜씨 해외로 출장 잦은 남편 돕기 위해
출근하기로
마음먹었다

일 많은 것처럼 머리 굴려
집에선 잠만 자고 나온다
골프 배우고
마사지 받으며
야야, 일이 그렇게 많냐?
처음은 죄송했지만 갈수록 아무렇지 않았다

내친김에
비자금 몇천 있어
시내 전세 얻어 혼자 비밀공간
꾸며놓고
뒹굴다가 늦게 들어가니 좀 살 것 같았다

동호회니, 동창회니
생기 있어 보인다
혼인 전처럼 얼마 만에 듣던 소리인가?

남자친구 생겼다

점심시간
갖가지 나물에 도시락 싸
오피스텔 문 열었다
남자
먹는 거보다
급한 게 따로 있어

속옷 벗겼다

쳉헤르

한 무리 소 떼
수놈이 암놈 거기 쿵쿵대니
움찔움찔
민망한지 피릭피릭
보지 방귀 핏 방귀 핏핏
왼쪽 오른쪽 꼬리 돌리며
소 웃음

젊어서 예쁜 가이드
운전기사 머리는 꼭 소 대가리
가정이 있는 듯했는데
삼 일 내내 들이밀다 박다
같이 잔다

배추김치

종아리 반쯤 내려오는 노란 주름
속치마
부엌에서 방으로 오르고 내리고
봐도 봐도 나무랄 데 없다
아삭아삭 나긋나긋
훔쳐갈까
도망갈까

왜 이래요
널 위한 거야
까
다 까
벌려
너
밤새 들여다보고
눌렸다 뒤집었다
누가 뭐래도
내 꺼지 암

아침 일어나니
문지방 벌건이 줄행랑친
새댁

보리싸리

좁은 어깨 가느다란 허리
그녀
형편 어려워 흘러 흘러 온
자갈마당
보자마자 남 같지 않았다
휴가 나올 때마다 같이 보내고 헤어질 땐 마음 아팠다

물집 돋네
예사로 생각했다
덜하다
더했다가
제대하자마자 진단받으니
뼈까지 갔어요
점점 무거워지는 주삿바늘
참자참자 조금만

낮 밤이 뒤바뀐 몇십 년

여태 벌어
여태 고향에 보내고
봄이 오는지 가는지
내 약값까지 대는

멍청이

아직도

좋은 처녀 있단다
누구 조카도 좋다 카던데
친구네 딸 이쁜데 한번 볼래?
멀거니 해가꼬 왜 장가를 안 가노
왜 왜
어머니 말씀
헛수고 마세요 제발
뿌리치며 화를 내 보지만
꺾을 수 없는 고집 때문에
만났지만 흐지부지 그중에 아까운 사람도 있었다
동생까지
동창이라며 삼십 대 중반 여성과 함께 마련한 자리
잘 해봐

초등학교 오학년
포경수술 갔더니 좀 더 키워서 와
그 후로 대중탕 간 기억 없다
군대 가서 알았다

개불 아닌 미더덕이란 걸

갱년도 없나

거울 속 마른 입술
팥죽 변덕 열두 번 쏟는다
뒤척뒤척 세 시
귀 세우는 치와와 자발스럽게 짖어대
점점 가까이 띨띨 끄는 구두 뒤축

죽었나 살았나
빨리 문 안 여나?
사시나무 좆 떨듯 떨었네

딱 씻고 기다리라 안 하더나
또 그 소리가
언 놈 줄라고 아끼노
늦게 왔으면 곱게 잘 것이지
뭐라

구충제

화장터 옆
오두막집 아이
배고파 제단 위에 놓고 간 과일 눈치 보며 먹었다

한창 나이에
암 걸려
하다 하다
개 구충제 이 년
말 구충제로 삼 년
버텼는데
점점
울퉁불퉁 등 돌아눕기 힘들고
온기라야 손가락뿐

영애야
오늘 밤
이거라도 어떠니

송학다방

콧대 높은 왕 마담
항상
손과 목에 무겁게 금붙이 번쩍였다

눈도장 쌍화차로 찍는다
꽃 한 다발
당신은 꽃이요
배고플 때쯤 오징어튀김 봉지 내밀었다
반년 만에 힐끔 곁눈질하더라

안면 텄다 싶어
크리스마스 와인에 스테이크
멋있다
이쁘다
취한 김에 모텔
발 마사지
등 줄 마디마디 맥을 짚으니
장신구며 옷 다 벗어 던졌다

옳다구나
코 골며 확실히 떨어졌길래
목걸이 팔찌 반지 한 움큼 챙겨
뒤꿈치 들고 튀었다

중앙시장

장터 일 층 점방들이 즐비한 이 층은 살림집
애 젖 먹이다 문단속 않고 자던 여자
새벽
옆에 와서 살째기 눕는 남자를 남편으로 착각했다는
소문 돌았다

미끄덩거리는 미꾸라지래
공동경비를 서야지
여자만 있는 집 불안해 살 수가 있나
그러다
잠잠해졌다

더운 밤
저놈이다
옆집 경찰 아저씨 비번날 용수철 되어 뒤쫓더니
에이 놓쳤네
위는 벗었고 밑에는 짧은 팬츠라예
골목골목 잘 아는 놈이라 잡기 힘들 거 같은데

꼬리가 길면 밟힐 거라예

근무
마치고 들어오니
반 벗은 채 오일 바른
재수생 아들
찬물 들이킨다

부부

안사람 약속 있다며 새벽부터 챙겨 나갔다
들고 날고
나이 드니 서로 간섭 안 한다

고교 동창 넷 가끔 만나 운동하는 날
덥다 더워
앞선 팀 네 명
멀찌감치
남녀 섞여 별나다
치마 보소, 엉덩이 나오겠다
짧으니 좋네
흉봤다
부부는 아닌 것 같고
부럽다 부러워

한 시간 걷고 굽은 지점
낯익은 쇳소리
재빠르게 몸 돌렸다

아내
거기 있었다

거미

재혼했더니
유치원생 딸 있었다
아파트 입주가 늦어져 잠시 어머니 댁에서 지내기로 했다
아이를 보며
전처는 왜
저런 꽃을 두고 갔을까?
의문이 들기도 했었다

택시 기사 남편
잘생겼다
성격에 더 반했지만
모친과도 관계가 좋아 속닥이듯 한다
혼인은 옳게 한 거야
후회 없었다

친정에 며칠 갔다가 일정을 앞당겨 집에 왔더니

눈앞에
포개진 이층
어머니 위에 남편
지금 뭐 하세요?

텔레비전 삼 층에서 밑으로 던졌다
여 여 내 말 들어 보소
에미하고 붙어 묵는 자식
여 있소

줌

플라타너스 잎 어그러지는 오후
칠십 줄 남자
파란 신호에 걸음 가벼워
뺨은 각진 다듬잇돌 노후는 손색없어 보였다

고민은 머리겠구나

뒷산을 향해 걸어가
천천히 뒤따르는데 얼마나 빠른지
한참 따라 오르니 온데간데없다

대청마루 앉아
카메라 앵글 이곳저곳 당기니
한곳에 머무른다
웬걸
아까 그분 아닌가?
나무에 기댄 여자
젖가슴 파먹듯이 거칠게 머리 박고

뒤통수 허연 달걀귀신도
함께

아,
순간
내 아랫도리도 뜨거웠다.

요충

그녀
똥구녕
적당한 온도와 양분이 있어 편했다

아이 뺏기고 이혼했다며 매일 찾아와 술 마셨다
호 빠
손님으로 만나 용돈 받는 재미
들어줄 수밖에 없는 넋두리
어느새
낮에는 동생
밤은 남자
살자 살자
삼 년

저 저 새끼 누구야
회충이 나타났다
여긴 내 구역이야
따졌다

그새 바람인 거야
질투하냐?

여자
나는 센 놈만 키워

노총각 홍길

고추 농사 끝나가면 분주하다
수매한 돈 몇 백 챙겨
이발하고 며칠 전부터 거울 앞 서성이며 체면 걸듯
기다리고 있을 거야

역전 옆 골목으로 두 번 돌면 작은 방
늙은이한테 시집와서
살다 나왔다는
코는 발람 얼굴은 까므잡잡
작은마을 몽꼴보레이 출신

처음은
생쥐 고양이 만나듯 했다
이젠
이 남자 저 남자
오빠오빠
겉으로만 해도 좋았다

한번 살아보자
공들여도
넘어올 듯 넘어오지 않는다
둘만 살자 응
그런 놈 쌔고 쌨어

끼끼 끽 차소리
마당에 귀 댄 어머니
아이고
데려온다던 총집은 어쩌고
또 혼자냐

파장

젊을 때 호기심으로
떳떳하지 못한 직업 가진 채 혼인했다
아내에게
선배 술집 지배인이라 속이며
새벽이 더 바쁘다
이래저래 둘러대며
많은 여자 시중들었으며 못 들어가는 날도 많았다
브라질 왁싱
미끄러운 밤
세상 술은 말라도 호주머니 돈은 떨어지지 않으니
늙는 줄 몰랐다
접어야지
죽겠다

고향으로 왔다
텃밭도 하루이틀이지
어중간한 예순 나이 궁리 끝에 택시 샀다
장거리 가는 날

새가 된 차
하루는 전라도 절에 간다는 여자 신도
긴 시간
이 얘기 저 얘기

달마다 그 날짜에
이 년을 다닌다

호랑나비

사랑 싸움인가 했는데
잠자리 든 며느리 온데간데없었다
할 수 없이 핏덩이 둘 거둔 지
삼십 년
내 자식이 문제지 누굴 탓하것노
그 뒤로 이 구녕 저 구녕 호랑나비 똥 누듯 씨 뿌려
여섯
돈 한 푼 보탠 적 있나?
도시락 학비, 나라가 키웠다
이제 와 지가 다한 양
손주 취직하니
에비다 에비

쳐다보면 떫은 감, 목젖이 아린다
봤제?
남자는 끝을 조심해야 된다이

월급 타거들랑

그래도
에비한테 조금씩 표시는 해라이

복어

나이 사십에 서로 헤어져
자식 둘 품어 혼인까지 시킨
아내
철들고 생각하니 고마운 사람

천연두 앓은 얼굴 벌어진 어깨
바닷가에 자라 회 잘 뜨고 칼 놓아 본 적 없었다
저놈은 칼 갖고 논다
은근히 어깨 힘들어 가
지레 겁먹은 상대
아무도 시비 걸지 않았다
한때 건축회사 회장 밑에서 잔챙이들 데모 시빗거리
처리했었다

은퇴하고 칠십 중반
새벽은 아직 텐트 친다
아버지 노릇 신통찮아도 용돈 보내는

자식
모텔 가면 반 죽는 여자
같이 살진 않아도
옷이며 반찬 차까지 사줘

혼자 편한 임대주택
통장엔 연금 다달이 꽂힌다

밤꽃

출근 시외버스
맨 뒷좌석
중간에 사람 있어 춘희와 양쪽으로 떨어져 앉았다
모로 모로 구불구불 고개 넘는데
쏟았다 밀쳤다 울컥거리는 버스
운전 똑바로 안 하나

사부작사부작
가만있지 못하는 옆 사람
간밤에 잠을 설쳐 졸았더니
버스정류장
옆에 남자 벌떡 일어나 허리춤 고치고
급하다

어머나
이게 뭐고 우유가?
새 쉬폰 원피스 입었다고 자랑까지 한 친구 옷
냄새나

아까 그 그놈 맞제?

처앓아 쌓더니

해설

김보성의 성애시와 당혹의 미학
-21세기 한국의 첫 남녀상열지시(男女相悅之詩)

박태일

1. '당혹'의 비롯

'당혹(當惑)'이라는 낱말이 있다. 어찌할 바를 몰라 어리둥절함을 뜻하는 이름씨다. 그런 느낌을 일컫는 당혹감으로 나아가기도 한다. 그림씨 당혹스럽다도 흔히 쓴다. 무슨 일을 당하였는데 어찌할 바를 모르게 어리둥절할 적에 쓰는 말이다. 가까이에 '경혹(驚惑)'이니 '당황(唐黃)'이 놓인다. 뿌리말 '혹(惑)'은 미혹, 또는 의심을 뜻한다. 파자하면 '或'(혹시 혹)자와 '心'(마음 심)자로 나뉜다. '或'자는 창을 들고 성을 지키는 모습을 그렸다. '혹시'라는 뜻을 지닌다. 적이 쳐들어올까 봐 걱정하는 자세다. 거기에 '心'이 더했다. 성을 나드는 사람들을 수상히 여기고 의심한다는 뜻이다. 따라서 당혹이란 판단하기 어려운 일 앞에 어찌할 바를 몰라 놀라고 의아해 하는 일을 일컫는다.

  난데없이 '당혹'이라는 말을 글머리에 끌어다 놓았다. 낱말 공부를 하자는 뜻이 아니다. 드디어 한 권으로 묶는 시인 김보성의 작품을 읽기 위한 첫 삽 들기다. 그미 시가 보여 주고 있는 특성과 아름다움은 무엇보다 당혹스러움에 있는 것으로 보이는 까닭이다.

    공항에 나타난
    명희, 늦다
    왜 늦었노?

    비스듬히 누운 남편
    뒤통수에 대고
    며칠 동안 못 보는데 숙제나 하고 가지
    하여튼 뒷북치는 데는
    머리 망가신다이 쫌 조심하고
    빨리빨리 해라

    에이 씨
    쫓끼모 서나

-「여행」

  이 작품은 며칠 여행을 떠나기 위해 문을 나서려는 아내와 그 아내를 보내는 남편 사이에 이루어진 성을 담았다. 어슷비슷한 경우를 겪는 내외는 한둘이 아닐 것이다. 그런데 작품을 맛본 독자는 '당혹감'을 갖지 않을 수 없다. 그 점은 적어도 세 가지에서 그렇다.

  첫째, 이러한 작품을 시라고 불러도 될까라는 의아심이다. 왜냐하면 이제까지 자신이 읽어오던 시와는 품격이 다르기 때문이다. 이성애든 양성애든 동성애든 성, 또는 성희가 문학의 글감이 되지 않을 까닭은 없다. 그럼에도 이렇듯 구체적으로 성 행태를 담은 시를 읽은 경험은 없을 것이다. 거기다 시라는 문학 갈래가 성애 장면을 노골적으로 담아도 되는 것일까? 고개를 갸웃거리게 만들 일이다.

  둘째, 「여행」이 담고 있는 속살에서 보이는 도발이다. 적지 않은 읽는이가 뜻밖에 놀라 충격을 받을 만한 됨됨이다. 작품은 여행을 떠나기 위해 나서려는 아내의 등에다 대고 성을 나누고 갔으면 하는 남편과 그에 응하는 아내 사이에 이루어진 대화가 이끈다. 여행으로 며칠 못 볼 터이니 아내에게 여느 때와 다른 성 욕구를 느낄 만하다. 아내 또한 그 가락에 맞출 수 있다. 그런데 '숙제'하듯 성관계를 갖고 떠났으면 하는 남편의 채근에 아내 반응이 뜻밖이다. 흔히 생각하는, 내외 사이에 이루어질 법한 성과는 태도에서부터 다르다.

아내는 여행을 떠나기 위해 매만져 놓은 머리 망가지지 않도록 조심조심, 그러면서도 "빨리빨리 해라"고 남편에게 말한다. 거기에 맞춘 남편의 대응도 흥미롭다. "에이 씨/쫓끼모 서나"라고 투덜거린다. 남성중심 사회에서 요구되고 학습된 성역할, 곧 남자의 성적 이끌림에 여자가 수동적으로 따라야 한다는 성고정관념에서 벗어난 됨됨이다. 성적 주도권이 남자에게 있을 것이라는 통념에서 멀다.[1] 한번 매만진 여자의 머리 매무새보다 더 가볍게 다루어지는 남자의 성. 적지 않은 이들에게 당혹감을 불러일으킬, 구체적이면서도 뜻밖의 속살이다.

셋째, 이 작품으로 말미암을 독자사회 반응의 의외성이다. 이 시를 두고 작품의 축자적 의미조차 이해

---

[1] 가부장제 사회는 남자나 여자 모두에게, 적지 않은 유형의 성고정관념에 시달리도록 부추긴다. 남자는 성에 적극적, 공격적, 일방적이어야 하고 여성은 소극적, 방어적, 수동적이어야 한다는 인식이 대표적이다. 따라서 성행위에서도 남자가 주도권을 쥐고 시혜적으로 관계가 이루어져야 한다는 왜곡된 성심리를 갖기 쉽다.

하지 못할 남녀 독자가 적지 않을 것이다. 그들 경우, 이 시를 읽고 맥락을 잡는 과정에서 적지 않은 당혹스러움을 겪을 만하다. 성애의 구체적인 과정에다, 그것도 남편에게 꿀리지 않고 성적 주도권을 쥔 아내의 존재만으로도 뜨악해 할 남자가 있을 것이다. 아울러 짧지 않은 세월 내외 성에서 한 차례도 능동적인 태도를 보이지 못했을, 이른바 '요조숙녀'형 아내 입장에서는 그저 남세스럽거나 망측스럽다 여길 수 있는 속살이다. 뜻밖에 당혹 가운데로 내몰린 셈이다.

이렇듯 성 문제에서 보수적인 유형의 내외, 남녀와 달리 개방적인 사람이라면 어떤 반응을 보일까. 오히려 이 작품을 읽고 웃음을 터뜨리거나 고개를 끄덕거릴 수도 있을 것이다. 왜냐하면 자신이 해오고 있었거나 마땅히 그럴 법한 과정을 담았다고 생각한 때문이다. 그런 이들이 받을 놀라움은 다른 게 아니라, 이러한 성 표현에 나선 시인의 안목에 대한 놀라움일 것이다. 다시 말해 김보성 시인의 「여행」은 성 표현에서 소극적인 쪽에서는 당혹스러울 수 있으나 그로 말미암아 새로운 성찰과 학습의 기회가 주어진다. 거꾸로 그 맞은쪽에 있는 이들에게는 자신들의 성에 대한 재인식의 경험을 안길 수 있다. 맞선 둘 사이에 나타나는 반응의 강도의 편차야말로 이 작품이 지닌 사회적 기여도를 고스란히 암시한다.

 김보성의 「여행」은 이와 같이, 시 갈래 안쪽에서부터 드러나는 의외성과 속살이 지닌 도발, 거기다 독자사회에 미칠 영향에 이르기까지 크작게 당혹을 부를 만한 작품이다. 성이야말로 어느 사람이라 할 것 없이 보편적으로 겪고 누리는 일이다. 그러면서도 겉으로 내놓고 말하기에 껄끄럽거나 낯부끄러운 일로, 비밀스럽게 다루어져야 하리라 여기는 대표적인 나날살이 경험이다. 이중적이다. 그런데 시인 김보성은 「여행」뿐 아니라, 시집 『오빠 달려 노래주점』의 거의 모든 작품을 이렇듯 당혹스러운 성으로 채웠다. 그 안쪽은 어떤 됨됨이며 그것이 지니는 뜻은 무엇일까. 이제 글쓴이는 그 속으로 깊숙이 들어서고자 한다.

2. 갈래의 전통과 갱신

 김보성 시를 읽으면 무엇보다 넘치는 성 일변도의 정황에 놀란다. 거의 모두에서 성은 주도 동기로서 아낌없이 자기 존재를 웅변한다. 성 과잉이라 할 만하다. 그런 둘레나 아래로 성과 떼려야 뗄 수 없는 사랑과 혼인이라는 문제가 질펀하다. 성은 사람의 삶에서 독립적으로 놓인 것이 아니다. 사랑, 혼인과 함께하는 것이니 자연스럽다. 그런데 그들은 흔히 생각하듯이, 사람이 지닌 감정의 자연적인 흐름과 그 단순 결합으로 이루어지는 것은 아니다. 시대와 문화에 따라 양상과 결합 방식도 달라진다.

따라서 성을 이해하는 일은 두 가지로 나뉜다. 생식기 자극과 관계있는 행태로 성을 보는 입장이 하나다. 성은 자연적·생물학적인 것이다. 그와 달리 성을 문제틀로 삼는 입장이 있다. 성을 자의식의 대상으로 삼아, 사회적 태도 가운데 하나인 섹슈얼리티(sexuality)로 본다. 이 둘은 서로 떨어진 것이 아니다. 성담론이라는 쪽에서 하나로 묶인다. 그렇다고 하나 성은 함부로 꺼내놓고 말해도 되는 주제가 아니다. 성을 금기시하는 태도다. 손수 겪을 수 없는 죽음을 젖혀 두고서 사람살이에서 성만큼 강렬한 경험은 없다 할 수 있다. 김보성 시는 그런 성을 활짝 펼쳐 보인다는 점에서 각별한 셈이다.

이러한 성을 두고 예술문학은 일찍부터 비교적 자유롭게 표현해 왔다. 특히 문학에서는 상상 공간으로 한껏 나래를 펼 수 있는 중요 글감이며 주제였다.

이러한 사정은 소설뿐 아니라 시 갈래도 마찬가지다. 직접적인 성기 묘사나 행위 표현은 아니더라도 시의 중요 창작 동기 가운데 하나가 성이다. 우리 근대시에서도 그런 전통은 오래다. 암시적이긴 하나 1930년대부터 성 표현은 본격적으로 맵시를 드러냈다. 그러다 1960년대 들어서 성행위 묘사가 담기기 시작했다. 근대시 속에서 성적 욕망과 그 행위를 다룬 성애시는 한 유형으로 자리가 굳건했던 셈이다. 그런 전개에 전영경·이상화를 거쳐 김명인·김영승·박남철·최승자와 같은 시인이 뜻있는 몫을 맡았다. 그 뒤를 1990년대 김이연의 동성애시와 김언희의 성애시가 잇는다.

그런데 앞선 시대 시 속의 성은 자체 표현에 목표를 둔 것이 아니다. 당대 정치 풍자, 사회 부조리 고발, 남성중심적 사회에 대한 저항과 같이, 다양한 외적 자장을 겨냥한 모습이 뚜렷하다. 성을 그 바깥의 현실 관계와 대응이라는, 드넓은 외적 맥락에다 재맥락화시키고 있는 셈이다. 탈성화(脫性化, desexualize)[2]다. 김보성 경우는 이들 전통과 다른 점

---

[2] 이 글에서 '성화'와 '탈성화'라는 말은 성 이론가들이 성을 그 자체에만 눈을 두는 설정과 거기서 벗어나 다른 사회 관계 속에 위치시키고자 하는 방식으로 나누는 틀에서 따왔다. 김윤성·황정미·서동

이 뚜렷하다.

 ①요즘 그 여자 안 만나는 거 같대
 좋아했잖아
 생활도 괜찮다면서
 뜸 들이더니
 말을 말게 장소가 따로 없어 그것도 한두 번이지
 만났다면 들이미니
 니미, 늙으니 그것도 힘들어

 혀로만 하라니
 환장하지
 환장해
          -「게이트볼장」 가운데서

 ②늦네? 반기는 모텔 주인
 육 층 5호
 자기 방 청소되어 있을 거야
 숨 내뱉으며 입고 온 옷 개어놓고 샤워

진이 '탈성화'를 중시시한 대표 본보기다. 황정미, 「섹슈얼리티의 정치」, 『사회비평』 13집, 1995, 121쪽; 서동진, 『누가 성정치학을 두려워하랴』, 현실문화연구, 1996, 29-35쪽.

건포도 같은 유두
억센 잔디
그물 팬티에 몰아넣어도 몇 가닥 내민다

이 사장님 시간 되세요?
일 대강 처리해 놓고 두 시에 만납시다
네 사람 왔다 간 뒤 정리하니
여섯 시쯤
벽에 기대 화장 지우고 씻는다
사십만 원

가는 길에 통닭 한 마리 사고 학원비 내면 되겠다
-「로켓 모텔」 가운데서

①은 노년의 성을 비춘다. 노골적인 표현을 서슴지 않았다. 늙어 만난 여자와 성을 나누며 푸념을 늘어놓은 남자가 보인다. 문제는 상대 여자가 요구하는 체위다. 구강성교만을 늘 요구하니 더더욱 힘들다는 뜻이다. 성의식에서 보수적인 입장에 선 여자나 남자라면 놀라 당혹감을 느끼지 않을 수 없을 맥락이다. 남자가 이끄는 성이 아니라 여자가 끌어가는 됨됨이부터 낯선 까닭이다.

②는 버젓이 가정을 꾸리는 여자가 남편 모르게 매매음을 하는 경우다. 남편에게는 모텔 청소하러 오간다고 알려 놓은 상태다. 그미는 '모텔'에 고정 방을 마련해 두고 매매음을 거듭해 왔다. "건포도 같은 유두/억센 잔디/그물 팬티에 몰아넣"은 채 상대 남자를 기다린다. 그날은 단골손님 넷을 거쳤다. 하루 번 돈이 수월찮다. 남편 퇴근하기에 앞서 집으로 돌아갈 준비를 마친다. 가는 걸음에 "통닭 한 마리 사고" 아이들 "학원비 내면 되겠다"고 생각하는 여자의 마음이 경쾌하다. 일부일처제 가족 제도 안에서 벌이는 단순 외도가 아니라 매매음이다. 그럼에도 작품은 통상적인 가정 윤리를 들먹이거나 성적 일탈로 말미암은 복잡한 심리를 담을 것이라는, 읽는이의 기대와는 사뭇 다른 정황을 펼쳐 보인다. 성 '노동'의 결과 얻은 하루 수입이 가져올 단란한 가족의 삶에 오히려 뿌듯해 하는 말할이다.

①과 ②에서 볼 수 있는 점은 성이 그 바깥, 외적 맥락을 위한 보조 동기로 활용되고 있지 않다는 사실이다. 성 행태만을 오롯이 담았다. 당대 사람들이 누리는 성을 특정 이념 잣대 안에 가두거나 다른 목표에 이용하려는 자세와는 거리를 둔다. 현실 사회 곳곳에서 이루어지고 있을 성행태가 자발적으로 드러

나도록 이끈 셈이다. '성화'(性化, sexualize)가 뚜렷하다. 성에 대한 어떤 편견도 선입견도 내세우지 않고 현실을 고스란히 그려 담겠다는 시인의 뜻이 실천된 작품이다. 우리 근대시의 앞선 경험과 다른 김보성의 특성이 이 점이다. 다만 예사 읽는이라면 당혹감을 갖지 않을 수 없을지 모른다. 문학이, 그것도 시가 이렇듯 성을 노골적으로 다루어도 될 것인가는 의구심 탓이다.

①오랜만에 비도 오고 끌어당기길래 못 이기는 척 했었다

살을 파고드는 간지러움 긁고 긁어도 시원하지 않아
거울을 놓고
그곳
가르마 타고 수풀을 훑었어
자세히
어디서 데려왔는지
이도 서캐도 아닌 놈 칙칙하고 어두운 곳 좋아하는
세면바리
남세스러워

남세스러워
차마 병원도 못 가겠고

                        -「에프 킬러」 가운데서

②콧대 높은 왕 마담
항상
손과 목에 무겁게 금붙이 번쩍였다

눈도장 쌍화차로 찍는다
-(줄임)-
반년 만에 힐끔 곁눈질하더라

안면 텄다 싶어
크리스마스 와인에 스테이크
멋있다
이쁘다
취한 김에 모텔
발 마사지
등 줄 마디마디 맥을 짚으니
장신구며 옷 다 벗어 던졌다

옳다구나

코 골며 확실히 떨어졌길래
목걸이 팔찌 반지 한 움큼 챙겨
뒤꿈치 들고 튀었다

-「송학다방」 가운데서

①「에프 킬러」는 적나라한 성의 나날살이가 우스꽝스럽게 담긴 작품이다. 한 달이 넘도록 병원 입원을 마치고 아내가 돌아온 날이었다. 남편이 '오랜만에' 원하기에 아내는 "못 이기는 척"하고 응했다. 그것이 사달이었다. 남편은 아내가 집에 없는 동안 어떤 일을 벌였는지 '사면발니(Phthirus pubis)'에 감염되었다. 그것을 모르고 성을 나누었으니 아내에게도 옮지 않을 리가 없다. '세면바리' 곧 사면발니는 사람의 사타구니나 회음부 둘레에 더부사는 기생충 가운데 하나다. 사람 피를 빨아먹으며 피부에 가려움증을 일으킨다. 성 접촉이 가장 흔한 감염과 전파 방식인 사면발니 탓에 아내는 "살을 파고드는 간지러움"에 "긁고 긁어도 시원하지" 않았다. 그렇다고 부끄럽고 '남세스러워' 병원에 갈 엄두조차 내지 못했다. 그 점은 남편 또한 마찬가지다. 그래서 아내가 생각해 낸 꾀가 기발하다. 모기와 같은 해충을 잡는 '에프 킬러'에 생각이 미친 것이다. 자신의 음부와 남편의 그

곳에다 그것을 잔뜩 뿌리고 빡빡 닦아 내면 되리라 생각한 것이다. 성접촉으로 말미암아 뜻 아니게 얻은, 해충을 잡기 위해 낸 내외의 엉뚱한 고육지책이 가볍지 않은 웃음을 불러낸다.

②는 콧대 높은 채 몸에 적지 않은 귀금속을 늘 지니고 살아가는 찻집 여주인이 대상이다. 시의 말할 이는 그미를 눈여겨 본 남자 손님이다. 그이는 평소 찻집을 드나들며 그미 눈에 들기 위해 애썼다. 그러다 반년 만에 '곁눈질'을 받는 수준에 이르렀다. 그렇게 '안면'을 튼 다음 크리스마스 날을 이용해 술자리까지 함께하고 성을 나누는 관계로 발전했다. 그런데 그이 목표는 그미와 성 결합이나 사랑이 아니었다. 긴장이 풀린 채 "장신구며 옷 다 벗어" 던진 뒤 "코 골며" 자는 그미를 두고 그이가 벌인 일은 "목걸이 팔찌 반지 한 움큼 챙겨" 몰래 튀는 일이었다. 성이나 사랑이 아니라 보석 갈취가 목표인 접근이다. 뜻밖의 우스꽝스러운 상황 전개다.

위에서 본 바와 같이 김보성의 시는 우리 근대 성애시가 나아왔던 흐름과는 사뭇 다른 양상을 보여 준다. 공론장에서 말하기 어려웠을 나날살이 속의 여러 성과 성행태가 속속들이 드러난다. 도덕이니 윤리라는 잣대로는 말할 수 없었던 엄연한 현실이 안에서 용트림한다. 성을 다루긴 했으나 성 욕구나 성 행위를 직접적으로 표현하는 일에는 소극적이었던 숭문주의, 엄숙주의 전통 아래서는 볼 수 없었던 파격이다. 김보성 시에 이르러 성이나 성애의 주제가 비로소 생활세계의 핵심 영역으로 자기 모습을 웅변하기 시작한 셈이다. 그에 따라 우리시의 성 표현 또한 훨씬 가벼워지고 날렵해졌다.

①콩밭 마저 매는 여자
몸 담글 참새미 생각에 손 날래다

관세음보살 관세음
마을까지 얼마나 걸리겠소
한참 내려가시면 됩니더

흠 음음
괜한 헛기침 밭고랑을 건너며

그 그 내미 대단한 기라

뭐라카요
까끄럽다, 까끄럽다

중놈 대가리 같을까

　　　　　　　　　　　　　　－「횡재」 가운데서

　②중놈도 사람이냥 하여 자고 가니 그립도고
　중의 송낙[3] 나 베웁고[4] 내 족도리 중놈 베고 중의 장삼 나 덥습고 내 치마란 중놈 덥고 자다가 깨다르니 둘이 사랑이 송낙으로 하나 족도리로 하나

　①은 김보성의 시, ②는 전래 장시조 가운데 한 편이다. 둘의 공통점은 산중 스님의 성적 일탈이다. 콩밭이나 삼밭에서 일하는 여자와 스님, 또는 이웃 남자와 정사는 일찌감치 장시조가 즐겨 끌어들인 틀이다. 김보성의 ①이 그러한 전통에 줄기를 같이한다는 사실을 알리기 위해 ②를 옮겨 놓았다. ①에서는 더운 여름 날, 느닷없는 '횡재'처럼 산중에서 성이 이루어졌다. 그 일을 마무리한 두 남녀는 다시 자신의 나날살이로 돌아가면서 짐짓 한 마디씩 거든다. 스님의 '대단한' "그 그 내미"와 여자의 '까끄러운' "중놈 대가리" 사이 대조가 그것이다. 둘의 예기치 않았던 성행위가 빚은 만족감을 잘 대변해 주는 뛰어난

3　소나무 겨우살이로 만든 중의 모자.
4　베고.

마무리다.

②는 지난 밤 들렀다 간 스님을 잊지 못해 아쉬워하는 여자의 심회를 담았다. 장시조는 갈래의 뿌리가 고려말로까지 올라간다. 그럼에도 ②에 담긴 속살이나 김보성이 ①에서 보여 주는 것은 정황으로 볼 때 큰 차이가 없다. 느닷없는 성애의 즐거움과 그 회상이라는 당혹스러운 조건에서 같다. 이 둘을 두고 '포르노그래피(pornography)', 곧 외설 텍스트라 내칠 수도 있다. 문제는 그렇게 보자면 두 작품 사이에 가로 놓인 긴 시간적 거리가 깡그리 사라진다는 점이다. 시대적, 역사적 맥락은 전혀 관계없이 비슷한 속살을 담았다는 사실만으로 외설로 몰아가는 모순이 생기는 셈이다.

외설 텍스트는 그 안쪽에 그것이 외설일 수밖에 없는 어떤 속살을 지닌 것이 아니다. 소비하는 태도에 따라 외설이 되기도 하고 예술이 되기도 한다. 안에 담긴 성 자체에 탐닉하고 매몰된다면 소박한 성애 텍스트도 외설품으로 달라진다. 거꾸로 아무리 노골적인 성애 묘사를 담은 텍스트라 하더라도 수용과 소비가 공론장에서 이루어진다면 외설이라 할 수 없다. 위의 장시조 ②는 그러한 사실을 뚜렷하게 증명한다. 적어도 몇백 년은 앞섰을 텍스트다. 윤리, 도덕을 앞세운 읽기라면 ①과 ②는 성 표현에서 다르지 않다. 그럼에도 시기적으로 묵은 옛 전통 시가라 해서 ②는 외설이 아니고 김보성의 당대시 ①만 외설스럽다고 말할 수 없다. 그 거꾸로도 마찬가지다.

우리가 눈여겨 볼, 달라지지 않을 사실은 김보성의 ①「횡재」나 장시조 ②「중놈도」에서 드러나는 맥락의 공통점이다. 스님과 여염집 여자라는 대상을 등장시켜 불교의 타락상을 보여 주는 듯하다. 하지만 그것은 본질에서 벗어난다. 그보다는 예외적 성이 지닌 즐거움이 작품의 눈이다. 그런 곳에 윤리나 도덕이 끼어들 자리는 없다. 거기다 두 텍스트 사이를 성에 대한 보편적인 관심과 성행위의 항상성이 든든하게 받쳐 준다. 김보성 시는 우리의 오랜 시가 전통으로 이어지고 있는, 예외적 성에 관한 '당혹'스러운 표현이라는 자리를 정확하게 되풀이하고 있을 따름이다.

그러면서도 김보성 시의 개별성은 우리 근대시에서 아직까지 드러내지 못한, 생활세계의 성애 현실을 직접적이고도 구체적인 자리로 데려다 놓은 새로움에 있다. 보수적인 눈길로 보자면 관능적인 성 표현일 뿐 아니라, 성적 타락을 조장하는 것으로 매도될 수 있는 정황이다. 그러니 일부의 당혹을 예상 못

할 바는 아니다. 그렇다고 해서 김보성 시가 지닌 시사적 새로움이나 값어치가 퇴색하는 것은 아니다. 김보성의 성애시는 우리의 전통 시가에 든든한 뿌리를 두면서도, 당대적 새로움으로 무장한 결과다. 김보성 시가 안겨줄 당혹의 크기야말로 우리 근대 성애시의 갱신을 확인시켜 주는 한 지표가 될 것이다.

3. 재현적 진실과 성담론의 확장

갈래 안쪽의 새로움뿐 아니라 김보성 시가 당혹스러운 까닭은 작품이 품고 있는 성 행태의 다양성과 강도에서 말미암는다. 성에 대한 앎과 그 표현으로서 시가 다룰 속살에는 제한이 있을 리 없다. 거기다 사람의 성은 다양성을 더하는 쪽으로 발전되어 왔다. 짐승 가운데서 무엇보다 성을 탐구의 대상으로 삼은 유일 종이 사람 아닌가. 이제는 혼전 성교·동성애·양성애·미혼모·성폭력과 같이, 적지 않은 이들이 고심했을 문제를 다루는 일은 낯설지 않다. 성을 상찬의 대상으로 삼든 비난의 대상으로 삼든, 그것이 지닌 복잡성과 다양성은 문화·계층·종교·세대·지역을 넘나들며 온갖 삶의 자장을 마련한다. 그런데 성적 현실과 그것을 표현하는 일은 서로 다른 문제다. 그 표현에는 창작 주체인 시인의 자기 검열이나 사회 검열이 끼어들지 않을 수 없다. 그렇게 보자면 김보성 시의 성은 그러한 검열의 경계 너머까지 나아간 듯싶다. 보통의 사람들이 전통적으로 알고 있거나 겪었을 수준을 훨씬 넘어선 자리, 직접적인 성애의 재현적 진실이라는 지평이 그것이다.

>①젊을 땐 제 잘난 맛에 살더니
>나이 드니
>뱀 대가리같이 쪼그라든다며 심란해했다
>
>비뇨기과
>울리불리 울리불리
>잔 구슬 큰 구슬 번갈아 돌려 넣고
>크게 보이냐?
>뭐꼬 징그럽게
>누이 좋고 매부 좋다 아이가
>
>하이고
>마누라는 커서 기웠는데
>자기는 키우냐

-「바느질」 가운데서

②그녀

똥구녕

적당한 온도와 양분이 있어 편했다

아이 뺏기고 이혼했다며 매일 찾아와 술 마셨다

호 빠

-(줄임)-

어느새

낮에는 동생

밤은 남자

살자 살자

삼 년

저 저 새끼 누구야

회충이 나타났다

여긴 내 구역이야

따졌다

그새 바람인 거야

질투하냐?

-「요충」 가운데서

①은 어느새 늙은 처지에 놓인 남편을 주인공으로 내세웠다. 보다 만족스러운 성을 위해 그이는 일찍이 '남성 수술'을 마쳤다. 자신의 남자에다 "울리불리 울리불리/잔 구슬 큰 구슬 번갈아 돌려" 넣었다. 그리고 아내에게는 "누이 좋고 매부" 좋은 일을 했다며 뻐긴다. 그를 두고 아내의 볼멘 답변이 이어진다. 자신은 그곳을 "커서 기웠는데" 남편은 거꾸로 왜 키웠느냐는 핀잔이다. 젊었건 늙었건 보통의 남녀라면 남성 수술이나 여성 수술을 거친 이들이 많지는 않을 것이다. 그렇듯 드문 경험이라고는 하나 그런 일조차 둘레에서 볼 수 있는 성문화 가운데 하나임에는 틀림없다.

　남성중심 사회에서는 남녀 모두가 적지 않은 성 콤플렉스에 시달리도록 부추긴다. 남자의 경우 크기 콤플렉스가 대표적이다. 작은 성기와 발기불능은 남자의 수치라 여기게 만든다. 모든 유형의 성관계를 오로지 성기의 크기와 삽입에다 초점을 두는 데서 비롯된 문제다. 이것은 중년에 이르러 자연스레 정력 콤플렉스로 옮겨간다. 남자의 성기 자체를 남성 상징으로 오인한 데서 말미암은 편견이다. 「바느질」은 그러한 성 콤플렉스로 빚은 내외 관계를 보여 준다.

②는 동성애 현실을 담았다. 3년 동안 동성애를 누리다 마침내 다른 상대가 나타나 밀려나게 된, 남자 역할이 겪는 상황이다. 동성애 안에서 이루어지는 남녀 성차와 성적 환상이 자연스럽게 펼쳐진다. 동성애가 편견과 달리 아름다운 성이라는 감각을 강조하고자 했던 1990년대 동성애시와는 맵시부터 다르다. 동성애 현실을 고스란히 재현한다. 이성애와 다르지 않은, 통상의 사랑 행위에서 예상되는 질투, 애증과 같은 격정이 자연스럽게 실천된 모습이다. 이런 작품을 읽는 사람들이 느낄 당혹 속에는 이성애 중심의 사회 조건에 대한 자연스러운 균열 내기가 포함될 것이다.

> 술이 들어가면 가만두지 않는다
> 일찍 여윈
> 어머니 그리움인지
>
> 오늘 같은 기회 놓칠세라
> 다른 옷을 더듬는
> 눈
> 바지 셔츠 두어 벌 더 골라
> 싸줘 어서

일어나기 전에 카드 긁어야 돼

아저씨 알면 어쩌려구

또

그건 한 달 뒤 일이고

훔쳤어?

아니 죽였지

대낮에?
-「이렇게 산다」 가운데서

  성의 기능은 다양하다. 다른 짐승 무리와 달리 사람살이에서 성은 번식적인 것뿐 아니라 비번식적인 데까지 활발하게 개발된 상태다. 그 가운데서 내외 관계에서 이루어지는 성은 그들 사이 생물학적 결합뿐 아니라 내외 관계를 잇기 위해서 필요하다. 내외 결합이 바람직스럽게 이루어지면 성행위는 나아가 그 결합을 계속 이끌고 강화시키는 기능을 갖는다. 그런데 위의 「이렇게 산다」는 내외 관계를 유지하기 위한 성과는 다른 됨됨이다. 오히려 매매음에 가깝다. 아내는 스스로 자신의 성 제공을 직접적인 거래로 활용하고 있다. 성의 제공과 옷 구입이 서로 교환되는, 상업적인 기능이 완연하다.

변형된 것이라 하더라도 이러한 꼴의 상업적인 성은 드물지 않다. 자신의 생계 유지와 직접적인 보상을 위해 사랑과 관련 없이 성을 제공하는 경우가 그것이다. 흥미로운 점은 아내 스스로 그런 일을 뚜렷하게 자각하고 있을 뿐 아니라, 활용도를 높이기 위해 애쓴다는 사실이다. 여자 스스로 자신의 성역할을 경제적인 보상으로 축소시키는 데 대해 아무런 거리낌이나 죄책감이 없다. 보통의 아내에게서 기대되는 모습과 다르다. 읽는이가 당혹을 느끼지 않을 수 없는 경우다. 이렇듯 성담론으로서 김보성 시가 지닌 놀라움과 의외성은 우리 사회에서 볼 수 있는 다양한 성애 현실에 대한 재현적 진실성의 너비에 맞물려 더해 간다.

①작업복 청바지 남자 둘
들어서자마자
사장님, 둘이요
알죠?
예쁜이들로
두 시간 놀다 갈 거니까
맥주 주시고 부를 때까지 들어오지 마세요
옮긴 벌통 같더니

한 쌍은 의자 돌려놓고
포개졌고
다른 쌍은 서서 부빈다

다음날 옥상에 소파 말렸다
－「오빠 달려 노래주점」 가운데서

②게이트볼
시작해 빠지지 않고 다녔는데
일 년 되니 어느 정도 늘었고 자주 만나 소개 시간 가졌다
유난히 간들간들 날아갈 듯 첫눈에 든
미래 설계사였다는
그녀
혼잡니다
관심 가져 주세요
하도 다가가는 남자 많아 표현하진 않았다
-(줄임)-

저 어떻게 생각해요?
반가운 소리에

어제와 다른 세상 되었다

물어 찾아왔다는 전 시동생
희한한 기라예
전 남편 둘씩이나 죽었는데 압니꺼?
단디 하이소

-「제비꽃」 가운데서

①과 ②는 중년의 남자 세대에서나 볼 수 있을 모습이다. ①은 직장인이 퇴근 뒤 노래주점에서 즐기는 성희를 담았다. 퇴근이 새벽 3시니 힘든 일터에서 돌아왔음에 틀림없다. 그 새벽, 노래주점에 와서 시간을 보낸다. "한 쌍은 의자 돌려놓고/포개졌고/다른 쌍은 서서" 부볐다. 그 시줄과 '다음날' 주점 사장이 "옥상에 소파 말렸다"는 행위 사이에 시인은 토막을 마련해 두었다. 그렇듯 떨어진 거리는 그 성행태에 대해 평가 판단을 유보하겠다는 시인의 거리조정 의도가 담긴 결과다. 모름시기 그런 일이 노래주점에서 이루어질 수 있을까라는 물음을 떠올릴 이들에게는 뜻밖에 놀라움을 갖게 만드는 상황이다.

②는 "쉰 후반에 혼자" 되어 '게이트볼'을 시작한 중년 남자의 뒤늦은 열정을 담았다. '미래 설계사' 일

을 하고 있는 여자에게 매료되어 사랑을 느꼈다. 시일을 더 끌 수 없을 지경에 이르렀을 때 여자 쪽에서 호의적인 반응이 왔다. 새로운 사랑을 시작할 수 있게 된 셈이다. "저 어떻게 생각해요?/반가운 소리에/어제와 다른 세상"을 살 수 있게 된 말할이다. 자연스럽게 성을 나누고 혼인까지 이어질 단계였다. 그럴 즈음에 뜻 아닌 손님이 찾아 왔다. 그미 전 남편의 동생, 곧 시동생이었다는 사람이다. 자기 형의 죽음 이전에도 벌써 한 차례 그미 남편이 죽었다는 사실까지 알려 준 것이다. 그러면서 '단디' 하라는 경계의 말을 남겼다. 상대방에게 매료당한 처지에 그런 말이 귀에 들어설 리는 없겠다.

경우가 다르지만 아래 작품은 노년의 성을 다루었다.

> ①신랑 칠십
> 아홉 살 아래 예순하나 아내
> -(줄임)-
> 여자
> 배배 꼬인 고추 보고 엎어졌다
> 흑심이 있었구먼
> 매일 물 끼가?

그게 아이요
그라모 또 와 이라노

에헤 이왕 이래 된 거 고마
가마이 있어 보소
가마이
다 알아서 하께요

                    -「꽈리고추」가운데서

②침대 양쪽으로 묶인 손
간호사, 환자 상태가 심각해요
어떤데요?
다음엔 그냥 있지 않을 겁니다

열흘 뒤
자 환자분 손목 풀었으니
보호자분 안으로 들어오세요

겹겹 홍합 속으로 손가락 바쁜 어머니
                    -「아들」가운데서

①은 60대 아내와 70대 남편 사이, 뜻 같지 않은

성애 상황을 담았다. 남편의 "배배 꼬인 고추"를 어떻게든 발기시키기 위해 노력하는 아내의 모습이 뚜렷하다. 남편에게 "가마이 있어 보소"라며 "자신이 다 알아서" 하겠다고 나선 아내의 적극적인 '합'이 돋보인다. 혼인 생활상 경우, 여성 상위를 누리는 수준 정도에서 한 발 더 올라선 상태다. 요즈음과 같이 약물이나 도구의 도움을 받으며 성적 조형이 가능해진 현실에서는 다소 소박한 접근이라 할 수 있다. 그럼에도 이제껏 우리 시가 담아내지 못한, 가려져 있었던 내외 성생활의 속살이 김보성의 손끝에서 잔잔한 웃음기와 함께 살아난다.

②는 병원에 입원해 있는 노년의 모습을 그렸다. 아마 백심증(白心症)과 같은 병증을 가진 환자 경우겠다. 두 손이 자유로울 때는 두고 볼 수가 없을 '심각한' 자위 행위를 시도한다. 하는 수 없이 간호사가 손목을 묶었다. 그런 사정을 모르는 아들이 병문안을 와서 묶인 광경을 보았다. 화가 솟구치지 않을 수 없는 일이다. 열흘 뒤 다시 가니 간호사가 그런 사정을 아들에게 알려 주기 위해 묶은 손목을 풀어 놓았다. 아들 눈앞에 펼쳐진 광경이 충격적이다. 둘레를 아랑곳하지 않는, 늙은 어머니의 자위 버릇이었다. 받아들이기 당혹스런 속살이다.

①언제부턴가
가슴이 커지고 갑갑하다
숨차다
이상했다
나가지도 않는 애를 두고 희한한 생각하다니

너 너
먼저 고개 숙였다
맞지?
누군지 말해 책임을 물어야지
열 달 금방인데
빨리
빨리
-(줄임)-
누구냐고?
울다가 쉬다가 울더니

가리켰다
제대하고 온 동생 방

-「업」가운데서

②재혼했더니
유치원생 딸 있었다
아파트 입주가 늦어져 잠시 어머니 댁에서 지내기로 했다
-(줄임)-

친정에 며칠 갔다가 일정을 앞당겨 집에 왔더니

눈앞에
포개진 이층
어머니 위에 남편
지금 뭐 하세요?

텔레비전 삼 층에서 밑으로 던졌다
여 여 내 말 들어 보소
에미하고 붙어 묵는 자식
여 있소
　　　　　　　　　　　　　-「거미」가운데서

③새 아버지는
엄마 안 계실 때 방에 불러들여
어른 놀이 하자

어른 놀이 하자
자주자주
도망가다 돌 모서리에 넘어져
자지러지는 시간

어린 나를
절간으로 데려갔다

아이는 나이 들수록 등 업은
꼽추
자식같이 여긴 엄마 스님 따라 스님 되었다
　　　　　　　　　　　-「스님 엄마」가운데서

　모든 개별 문화권에는 나름의 금기가 있다. 성의 금기도 마찬가지다. 대표적인 것이 부모 자식과 같이 한 핏줄 안에서 갖는 성적 관계인 근친상간(incest)이다. 이것은 거의 모든 문화권에서 금기로 삼고 있다. ①은 형제 자매 사이의 성 교섭을 담았다. 거기에 견주어 ②는 어머니와 아들 사이, 상하의 근친 관계를 보여 준다. ③은 상하의 인척 관계, 곧 의붓아버지와 딸 사이 근친상간을 담았다. 다만 ②는 자발성을 지녔으나 ①과 ③은 성적 폭력으로 말미암은 근친상간이라는 차이가 있을 따름이다. 우리 기록이나 옛이야기에서 드물지 않게 드러나는 근친상간[5] 양상이 김보성 시에서 자리가 당당하다. 읽는이를 당혹 속으로 밀어 넣지 않을 수 없는 맥락이다.

성담론으로서 김보성의 시는 통상과 비상, 정상과 이상, 전통적인 것과 예외적인 것을 뒤섞으면서 성행태의 다양한 세부를 더듬는다. 그러면서도 그들을

---

5 이즈음 연구에 따르면 선천적인 근친간 혐오란 없으며, 근친상간은 역사의 소산임이 밝혀졌다. 오늘날에는 거의 모든 문화권에서 법적으로 금지된 이러한 근친상간을 두고 프로이트는 독특한 해석을 했다. 사람의 밑바닥에 억눌려 있는 오이디푸스 콤플렉스의 발현이 근친상간이라 본다. 융은 개별성의 욕구로 보았으며, 여성주의자들은 가부장제 남성 권력이 확대된 것으로 근친상간을 다룬다. 우리 겨레의 근친상간 사실은 옛 문헌 속에서 발견할 수 있다. 『삼국지』 위지 동이전이나 『신당서』, 『삼국사기』에다 거짓 책이라는 의심을 받고 있지만, 필사본 『화랑세기』와 같은 문헌이 그것이다. 신라시대에는 골품제가 있었던 탓에 근친혼은 필연적이었을 것이다. 기록으로만 본다면 고려사회의 근친혼은 더 심하다. 『고려사』에서 근친상간에 대한 기록은 자주 발견된다. 우리의 구비문학 속에서 근친상간은 남매형, 부녀형, 모자형에 걸쳐 여러 지역에서 드물지 않게 나타난다. 경남 사량도 옥녀봉에 얽힌 이야기는 부녀형 근친상간의 대표적인 본보기다. 근대문학에 들어서는 손창섭 소설 『신의 희작』(1961)을 들 수 있다. 남자 관계가 복잡한 어머니가 아들에게 성충동을 느낀다는 이야기다. 직접적인 성행위로 이어지지는 않았다. 장용학의 『원형의 전설』(1962) 또한 명시적으로 표현하지 않았지만, 친오라버니와 여동생의 성행위가 암시된다.

빌려 성 혁명을 구가하기 위한 듯이 드높은 여성주의자의 목소리를 담지도 않는다. 동성애나 근친상간과 같은 비전통적인 성 표현이 남성 권력의 전복을 꾀하거나 성해방을 위한 도발 도구로 들어앉지도 않았다. 생활세계 나날살이 속에 이루어지고 있을 여러 성이 그 모습대로 담겼다. 특정 이념이나 평가 잣대를 앞세운 담론이 아니다. 실재하는 성이 자율적으로 드러나는 자리를 겨냥한 결과다.

성담론으로서 김보성 시의 적극성이 살아나는 자리가 바로 거기다. 당혹을 숨기기 어려울 정도로 넘치는 성적 일탈과 비전통적인 성행태 밑바닥에서 느껴지는 것은 삶에 대한, 사람살이에 관한 깊은 공감이다. 넘치는 성과 성애 안쪽에 갇혀 있는 어둡고 고통스러운 삶의 진실이 자연스럽게 자신을 드러낸다. 분노나 증오를 낀 평가나 가치 판단을 애써 억누르면서 될 수 있는 대로 재현적 진실에 충실하겠다는 시인의 노력이 빚은 결과다. 그런 가운데 성적 개방이나 성적 선진화의 이념은 개인의 문제가 아니라 더불어 사회가 함께 고심해야 할 문제라는 공론화가 자연스럽게 이어질 마련이다.

4. 독자사회와 성찰적 성의식

이제 김보성 시가 독자사회와 맺고 있는 관계를 짚어볼 자리로 나온 듯싶다. 왜냐하면 시 독자는 소비 객체일 뿐 아니라 새로운 생산적 소비가 가능한 능동 주체인 때문이다. 김보성 시의 넘치는 성과 표현, 곧 당혹스러움이 지닌 사회적 효용을 묻지 않을 수 없다. 그리고 거기서 뚜렷한 점은 그것이 우리 사회의 성역할 사회화에 이바지하리라는 믿음이다.

사회적 존재로서 사람은 특정 위치에서 기대되는 행동, 곧 역할을 지닌다. 남녀 역할도 마찬가지다. 남녀 성역할 구분은 임신과 출산을 젖혀 두면 나머지 모두 사회적으로 규정된다. 유전적·신체적 정체감을 뜻하는 생물학적 성(sex)과 달리 성역할은 후천적으로 주어진 규범이며 차별화하는 사회적 성(gender)이다. 한 개인이 사회구성원이 되는 데 필요한 기술·태도·가치가 내면화한 것이다. 이러한 성역할 사회화 과정에서 남녀 모두 성고정관념을 갖는다. 남자 역할을 더 중요한 것으로 여기고, 여자 역할은 하찮게 여기는 성역할 정체감[6]이야말로 대표적인 것이

---

[6] 남녀 성역할 정체감을 재는 잣대의 기본 가설은 그것이 성적 본질이 아니라는 데 있다. 18세기 이후 시민문화를 특징짓는, 포괄적인

다. 가부장제는 성고정관념을 생산, 확대, 재생산하는 핵심적인 성차별 제도로 알려진다.

그러한 성역할 사회화는 가족 안쪽에서부터 친구나 또래집단, 또는 교육기관, 대중매체뿐 아니라 언어적/비언어적 소통 방식과 같은, 여러 단위에서 여러 방식을 빌려 이루어진다. 문학 작품도 알게 모르게 성차별적 사회화를 부추기는 것 가운데 하나다. 김보성 시는 무엇보다 이러한 성차별적 고정관념과 그것을 강화, 각인시키는 쪽과는 반대쪽에 서 있다. 전통적인 사회적 성차나 성별 분업, 남성중심적 사회 체계에서 당연하게 여겨지는 곳에서 비껴서거나 적어도 가로지르는 듯한 사건과 정황들로 가득한 까닭이다. 그 점은 각별히 여자 말할이가 등장하는 시에서 더하다.

김보성 시의 여자 말할이는 여자에게 기대되는 수동적이고 소극적인 태도로부터 개방적이다. 성적 욕망과 흥미를 억제하면서 얻게 되는 심리적 갈등으로부터도 자유롭다. 김보성 시의 어느 구석에도 순결

양극성 체제로 변한 가족 이념에 뿌리를 둔다. 그리하여 남자는 문명, 이성, 능동성, 의지, 대담, 독립, 공격성, 지성과 같은 남성성을, 여자는 자연, 감성, 수동성, 유약, 우유부단, 종속성, 순종, 감정과 같은 여성성을 지닌 것으로 성고정관념을 키웠다. 그에 따라 남녀 사이 사회 역할이 뚜렷하게 차별화한다고 믿는다.

이나 정절을 강조, 과장하거나 성행위를 불결하다고 죄악시하는 태도에 동조하는 말할이는 보이지 않는다. 오히려 성적 주도권을 쥐고 자율성을 얻고자 하는 자세가 뚜렷하다. 남성중심 사회에서 요구하는 이중적 성규범, 곧 이른바 요조숙녀니 요부라느니 하는 성역할 혼란을 겪지 않는다. 적극적인 생활세계 현실로서 성을 누리는 자세가 역력하다.

①서부산 고속도로 요금소
대답하랴
계산하랴
휴지 버려주세요, 펴보면 전화번호
-(줄임)-

둥글납작한 얼굴
삼 년을 오가며 인사했다
낯이 익으니 농담까지 해
사람 괜찮네

비 오는 출근길
좋은 아침입니다
내려다보니

보여 줬다
지 꺼

－「하의 실종」 가운데서

②출근 시외버스
맨 뒷좌석
-(줄임)-

사부작사부작
가만있지 못하는 옆 사람
간밤에 잠을 설쳐 졸았더니
버스정류장
옆에 남자 벌떡 일어나 허리춤 고치고
급하다

어머나
이게 뭐고 우유가?
새 쉬폰 원피스 입었다고 자랑까지 한 친구 옷
냄새나
아까 그 그놈 맞제?

처 앓아 쌓더니

-「밤꽃」 가운데

 ①은 "고속도로 요금소" 계산원 여자가 말할이다. 그곳에서 일하면서 오가는 이들과 적지 않은 일을 겪었다. 그 가운데서도 괴롭고도 잦은 것이 성희롱이나 성일탈이다. 나이를 가리지 않고 이루어진다. 우월적 위치에서 여자를 괴롭히고 성적 대상으로 격하시키는 남자의 전형적인 버릇이다. 그런 가운데서 어느 때 특별한 경우를 겪었다. 세 해 동안 가벼운 인사에 농담 정도만 하던 남자였다. 그미 또한 그이를 괜찮은 사람 정도로 보았다. 그러다 어느 날 "비 오는 출근길/좋은 아침입니다" 인사를 하길래 '내려다 보니' 자신의 성기를 까서 보여 주지 않는가. 도착적인 노출증(exhibitionism)이다. 자기 성기를 갑자기 보여줌으로써 성적 성취감을 맛보고자 한 일탈적 성이다. 상대방의 공포나 놀라움과 같은 고조 반응이 크면 클수록 그 만족감은 더한다. 직접적인 성행위를 위한 시도가 아니라 하더라도 「하의 실종」은 곳곳에서 저질러지고 있는 남자의 성적 일탈과 폭력을 잘 보여 주는 경우다. 시인은 그런 현장을 담담하게 담아낸다. 그러면서 한 마디 더하면서 마무리했다. "보여 줬다/지 꺼". 이때 '지(자기)'라는 지역말이 갖는 뜻

은 가볍지 않다. 남자가 기대할 고조 반응에 사로잡히지 않는 당당한 모습을 담은 까닭이다 "지 꺼"는 고스란히 '지까짓거'라는 말과 한 몸인 셈이다.

②는 남자의 다른 일탈적 성을 보여 준다. 모처럼 잘 차려 입은 채 버스를 타고 일터로 가는 여자 둘이 말할이다. "맨 뒷좌석"에 앉아 심한 요동을 견디는 길이다. 옆에 앉은 남자가 "가만있지 못하"고 자꾸 '사부작사부작'거렸다. "간밤에 잠을 설쳐 졸"다 깨보니 자신의 새로 산 원피스에 '밤꽃' 냄새와 자국이 피었다. 옆에 앉았던 남자가 은밀하게 "처 앓아" 가면서 수음을 즐긴 결과물이다. "모로 모로 구불구불 고개" 넘으면서 "쏟았다 밀쳤다 울컥거리는 버스" 상황을 이용한 짓이다. 일종의 페티시즘(fetishism), 곧 절편음란증을 다룬 시다. 이 경우에는 여자의 "새 쉬폰 원피스"라는 사물이 성적 집착에 이르게 한 대상물이었다.[7]

①과 ②를 빌려 김보성의 시가 우리 사회에 잘 드러나지 않는 성행태 가운데서도 남자의 일탈적 성,

---

[7] 성적 자극을 주는 대표 물건으로 여자의 속옷, 신, 브래지어, 굽 높은 구두 들과 같은 착용물이 있다. 거의 무생물이라는 특성을 갖는다. 물건을 만지고 문지르거나, 냄새를 맡으면서 자위를 하는 행태를 보인다. 이의정·양숙희, 『페티시즘』, 경춘사, 1998, 19쪽.

도착적인 모습을 담고 있음을 살폈다. 노출증이든 패티시즘이든 전통적인 이성애에서 소외된 모습이다. 이성과 접촉을 회피하거나 회피당함으로서 그것을 성적 성취감으로 바꾸고자 하는 방식이다. 오늘날 우리 사회 곳곳에서 은밀하게 번성하고 있는 왜곡된 성 양상 가운데 하나다. 특히 과잉 노출과 페티시즘적 애착은 더 다양하고도 규모 큰 성산업과 결합해 은밀한 문화형으로서 기승을 부린다. 노출 방식의 폭발적인 발달과 키치적 복제문화의 범람, 손쉬운 구매와 소비 욕망이 뒤섞이면서 자본주의의 자본 증식에 충실하게 이바지하고 있는 셈이다. 중요한 점은 이러한 노출증이나 패티시즘과 같은, 성적 일탈에 담겨 있는 성차별주의(Sexism)다. 남자가 여자를 멸시하는 사회적 관계가 나날살이 곳곳에서 독버섯처럼 작동하고 있다는 엄연한 사실을 일깨워준다.

①왜 이래요
널 위한 거야
까
다 까
벌려

더
밤새 들여다보고
눌렸다 뒤집었다
누가 뭐래도
내 꺼지 암

-「배추김치」가운데서

②밤일도 내력인지
피곤하다
친구네 간다 이 핑계 저 핑계
항상 혼자 뒀다

참지 마세요
성인용품 다 있어요
그런 게 있어요?
바람 넣으면 살아나는 남자 매트리스 밑으로 데려왔다
살아나라
살아나라
남편 대신한 그가 나를 살렸다
애들 눈에 띌까 노심초사
이십 년 침대 밑 남자

이제 헤어지려 한다

-「두 남자」 가운데서

①은 성적 가학증(sadism)에 시달리는 여자를 담았다. 비록 내외라 하더라도 동의 받지 않고 상대방에게서 성적 흥분을 얻기 위해 반복적으로 심리적, 신체적 고통을 주는 경우다. 이러한 가학의 초점은 상대가 겪는 고통과 굴욕의 크기다. 그를 빌려 성적 성취감을 한껏 맛보는 데 있다. 따라서 가해자의 우월성을 드러내는, 때리기와 같은 상징 행위가 동반한다. ①에서 아내는 어쩔 수 없이 남편과 권력/무권력, 지배/종속의 위계를 받아들일 수밖에 없는 처지다. 여자는 철저하게 남자에 의해 무권력과 종속의 자리에서 사물화한다.

②의 말할이는 ①과 달리 남편으로부터 성적으로 소외된 여자다. 내외 관계를 이어나가는 중요한 이음매 가운데 하나인 성이 지워져버린 버린 삶을 살고 있다. 젊어서부터 음식 습관을 "잘못 들여" 놓아 "사십 초반 벌써" 남편에게 "당뇨병이 와서 나을 기미"가 없었다. 그러다 보니 '밤일도' 잇기가 버거운 몸이 되어버린 것이다. 그러다 아내는 뒤늦게 '성인

용품'을 알게 되었다. "바람 넣으면 살아나는 남자". 그것을 침대 "매트리스 밑으로 데려"다 숨겨 놓고, 남편을 대신하는 삶을 이었다. 그 세월이 벌써 이십 년이다.

  오늘날은 성에 있어서 혁명적인 변화가 일어난 시기다. 그러니 "바람 넣으면 살아나는 남자"뿐 아니라 그 반대도 가능하다. 오지도 않고 이루어질 수도 없을 낭만적 사랑에 목을 매고 마냥 남자를 기다릴 필요는 없다. 그러한 대체물로도 자율적으로 성을 누릴 수 있다. 육체적으로나 감정적으로 남편을 대신하는 평등한 친밀 관계를 가질 수 있다면 마다할 일이 아니다. 이는 남자의 시혜적인 성에 차별적으로 기댈 필요가 없다는 사실을 뜻한다. 이렇듯 대체 성이나 약물에 힘입어 보다 자유롭게 성적 자율성을 얻을 수 있는 새로운 성행태를 기든스는 '조형적 성(plastic sexuality)'이라 일컬었다. 그것이야말로 현대 사회의 성을 특징짓는 핵심적인 개념이라 본 것이다. 종족 재생산과 친족 관계 또는 나이나 세대와 같은, 가부장제 관계에서 벗어난 탈중심화한 성이 그것이다.[8]

---

[8] 그것은 성을 남근의 지배로부터, 곧 남자의 성적 경험에 부여된 거만함이나 과장으로부터 여자를 벗어나게 한다. 조형적 성은 성기

앞에서 본 노출증이나 가학적인 성 일탈, 또는 대체 성 양상은 그 자체가 병적 징후는 아니다. 다만 사람은 짐승 가운데서도 성적 탐구와 그 열정을 끈질기게 되풀이해 온 유일한 종이라는 사실을 새삼스럽게 되새길 필요가 있다. 주류적, 일상적이었던 성이 가장자리로 밀려나기도 하고, 예부터 끊임없이 병적 징후로만 이해되어 온 성이 주류로 들어앉기도 한다. 새로 솟구쳐 오른 성문화도 거기서 빠지지 않는다. 사람의 성에 대한 문제는 성행위 자체에 있다기보다 그에 대한 환상이나 이념, 깊은 의식/무의식과 관련된다. 게다가 사회경제적인 구조와 기능의 간섭까지 받는 외형 문화가 성이다. 따라서 섣부른 판단 잣대나 편견으로 성문제에 다가서는 일은 위험할 수 있다.

그럼에도 김보성 시에 등장하는 과도한 성, 넘치는 성애 현실과 성적 주체의 적극적인 태도를 두고 독자사회는 당혹감을 멈출 수 없을 것이다. 상식적인 수준의 낯익은 상황이나 경계를 뛰어 넘는 자리에서

우위의 성관계나 출산으로부터 자유로운 성의 탄생인 동시에 여성과 동성애자 모두에게 성해방의 가능성을 열어주는 터무니가 된다. 안쏘니 기든스(황정미·배은경 옮김), 『현대사회의 성, 사랑, 에로티시즘: 친밀성의 구조변동』, 새물결, 1996, 111쪽.

재현적 진실이라는 강력한 추진력이 뚜렷한 까닭이다. 이를 두고 독자사회가 겪을 당혹스러운 반응을 단순하게 묶으면 두 가지로 나뉜다. 첫째, 부정적인 눈길이다. 김보성 시와 같은 성담론은 그렇지 않아도 통제가 어려운 성 범람 현상이나 윤리적 타락에 더욱 이바지할 것이라는 우려다. 성이란 내놓고 까발려서는 안 될 것이라는 주장을 따르며, 성은 금기로 남겨야 할 영역으로 두자는 쪽 판단이다. 둘째, 긍정적인 눈길이다. 성 과잉은 삶에 대한 이해의 관점이 달라진 데에 따른 자연스러운 현상이다. 그러하니 곳곳에서 넘쳐나는 듯이 보이는 성은 삶의 개방을 보여 주는 또 다른 모습일 수 있다. 사회 선진화는 성 선진화 없이는 이룰 수 없을 신기루와 같은 것이라 보는 쪽 판단이다.

어느 쪽에 서건, 김보성 시가 터 잡고 있는 성화(性化)의 양상이 독자사회 구성원에게 성과 성문화에 대한 새로운 계기로 작용할 것은 틀림없다. 우리 사회의 성담론 공론화를 향한 일정한 이바지가 그것이다. 지나친 것처럼 보이는 김보성 시의 성 주도적인 맥락과 성 과잉은 이제까지 내놓고 말하지 못했던 삶의 중요한 됨됨이를 내놓고 말한다는 진실에 맞물려 있다. 적어도 김보성 시는 누구나 즐기면서도 드러내놓고 말하지 않으려는, 이중적인 잣대에서 벗어나 있다. 그러면서 성을 공론의 자리로 자연스럽게 끌어내 놓는다.

  따라서 이제까지 이어져 온 인습, 곧 성을 유전적·생리적 진화와 도덕적 규범에 가두어 놓고 다루어 온 데 대한 성찰적 성의식은 피하기 어렵다. 남녀 성차나 취향, 사회적 성의 차별적 분배를 더 이상 생리와 도덕이라는 명분에 가두어 두어서는 아니 되리라는 생각이 김보성 시로 말미암아 뚜렷해질 마련이다. 성은 굳어지고 화석화한 생리 현상이 아니다. 하나의 제도로서 그 안쪽 구성원들에 의해 학습되고 재생산된다는 인식의 전환이 자연스럽게 이루어진 결과다. 그런 까닭에 김보성 시의 의의는 현재적일 뿐 아니라 미래적이다.

    봄부터 담 넘어와
    가지 찢어지게 열렸다

    어디서 함부로 몸을 놀리노
    옆집
    검둥이와 우리 진돌이 엉덩이 맞대고 씰룩인다
    그 씨 받아 어디 쓰게

떨어져라
떨어져라 쫌
툭
툭

저 영감탱이
혼자인 날 깔본다
시도 때도 없는 눈빛 안 받아줬더니
들으라고
엉뚱한 놈 잡는다

-「대추나무」

  김보성 시의 성이 지닌 넉넉함을 잘 보여 주는 작품이다. 담 넘어서까지 건너와 충실히 익은 대추나무 가지나 옆집 개 검둥이와 우리집 개 진돌이 사이 흘레는 마냥 순조롭다. 그럼에도 옆집 '영감'은 "혼자 사는" 말할이를 우습게 보고 흘레붙은 두 개를 애꿎게 때려 떼어 놓으려 한다. "시도 때도 없는 눈빛"을 보낸 이웃집 영감이었다. 그 영감의 작대기질이 지닌 뜻을 헤아리지 못할 정도로 물정 모르는 말할이가 아니다. 이웃집 영감과 말할이 할머니 사이에 얽힌 잔잔한 성애의 감각이 재미있고도 아름답다. 김보성이 참으로 담고자 한 바는 그 둘 사이에 이루어지고 있는, '엉뚱'해 보이지만 자연스러운 성애의 오고감이라는 현실이다. 성기 결합으로 묶어 놓은 성을 뛰어넘는 삶의 진실이 거기서부터 환하게 열린다.

거듭하거니와 어떤 잣대, 어떤 본보기를 가져다 놓더라도 사람의 성이 지닌 다양성과 복잡성을 죄 담기는 어렵다. 그러니 어느 것이 전통적인 성인지, 어느 것이 비전통적이고 예외적인 성인지도 뚜렷하지 않다. 소박하게 정상/비정상, 선/악과 같은 잣대로 들이댈 수 없을 자리가 성행태다. 성은 생식, 곧 번식적 본능의 실천을 벗어나 깊고 두터운 문화적 환상 속에서 이루어진다. 너무나 다채로워 단일 관점으로는 잴 수 없는 경험이다. 따라서 집중도와 강도로 볼 때 개별적인 모든 성적 실천은 일탈(deviation)이라고까지 일컬을 만하다. 죽음까지도 받아들이겠다는 듯한 열중과 집착이 일깨우는 당혹스러움이 그런 점을 보증한다.

김보성 시는 알게 모르게 구조화되어 있는 우리 사회의 성차별주의나 남성중심적 제도에 대한 전복, 차별 철폐와 같은 무거운 탈성화를 목표를 겨냥한 작품은 아니다. 그럼에도 김보성 시는 생리적 성과 사회적 성의 경계를 넘나들면서 성차별을 겪는 이들을 고스란히 재현함으로써 남녀 모두에게 성적 성찰성을 더하게 이끈다. 파편화한 개인과 공동체의 사적·공적 삶을 이해하고, 나아가 미래 성적 선진화로 나아가기 위해 반드시 거쳐야 할 실천적 돋보기와 같은 몫이다. 성화함으로써 삶을 억압하는 삶의 진실을 밝히고, 탈성화함으로써 성을 가두고 모순을 지속, 강화시키려는 인습을 가로지른다. 그러한 성화와 탈성화가 마련하는 동시성과 중첩의 자리에 김보성 시의 당혹스러운 아름다움이 놓인다. 뒷날까지 퇴색하지 않을 개성이며 값어치다.

5. '당혹'의 앞날

어느 시대, 무슨 문화라 할 것 없이 성은 보편적으로 겪고 누리는 일이다. 사람살이 가운데서 가장 강력한 경험 가운데 하나가 성이라는 사실은 예부터 오늘에 이르기까지 달라짐이 없다. 그러한 보편성에도 이제까지 성은 내놓고 말하기 껄끄럽거나 부끄러운 일로 다루어져 왔다. 이중적이다. 그런데 신예 시인 김보성의 시집 『오빠 달려 노래주점』은 성을 주도 동기로 삼아 줄기차게 펼쳐 낸다. 그러한 특성 앞에서 독자사회는 적지 않게 놀라고 당혹스러울 것이다. 글쓴이는 김보성 시의 아름다움이 성을 이음매를 삼은 그러한 당혹에 있다고 믿는다. 그 점은 세 쪽에서 확인할 수 있다.

첫째, 우리 근내시사에서 드러나는 새로움이다. 김보성 시는 무엇보다 이것을 시라는 갈래로 품어도 될까라는 의구심을 뗄 수 없을 만한 과잉 성, 노골적인 성으로 한결같다. 거리낌없이 자기 존재를 웅변하는 그 둘레나 아래로 성과 맞물린 사랑과 혼인이라는 문제가 질편하다. 1930년대부터 한 유형으로 자리 잡았다 할 수 있는 성애시(性愛詩) 전통에서는 볼 수 없었던 적극적이고도 직접적인 됨됨이다. 거기다 기존의 전통은 성을 바깥의 이념 비판, 사회 비판과 그 대응 도구로 삼는, 탈성화(脫性化)를 겨냥했다. 그와 달리 김보성은 생활세계의 구체적인 성행태를 바탕으로 한결같은 성화(性化)가 오롯하다. 김보성 시로 말미암아 우리 성애시 갈래 안쪽의 외연과 가능성이 크게 넓어진 셈이다.

둘째, 성담론으로서 지닌 적극성이다. 김보성 시가 담고 있는 직접적이고도 노골적인 성과 성애 표현은 이제까지 어느 형태의 담론에서도 보기 힘들 너비와 강도를 아끼지 않는다. 그것은 정상과 이상, 전통적인 것과 비전통적인 것을 뒤섞으면서 다채를 겨냥하고 그 세부까지 거리낌없이 더듬는다. 나날살이 속에 이루어지고 있을, 갖가지 성적 일탈과 예외적인 성행태가 고스란하다. 이제까지 한 번도 드러나지 못한, 그렇듯 구체적인 생활세계의 성애 현실 안쪽에서는 굳어진 남성중심적 성역할 정체감이나 위계조차 자연스럽게 건너선다. 특정 목표나 평가 잣대를 앞세우지 않고 실재하는 성에 관한 재현적 진실에 충실하겠다는 적극적인 성화의 자세가 빚어낸 자리다. 넓고도 깊으나 어두운 삶의 개방이 그런 곳에서부터 가능해질 마련이다.

셋째, 독자사회를 향한 이바지다. 김보성 시의 성과 성행태 표현은 창작 주체인 시인의 자기 검열이나 사회 검열을 거친 결과다. 그럼에도 그 경계 너머까지 겨냥한 듯이 다양하고도 강도가 높다. 그러한 성 범람 현실을 두고 독자사회의 당혹스러운 반응은 크게 긍부정 둘로 나눌 수 있다. 부정적인 쪽에서는 과잉 성이 윤리적 타락에 이바지한다는 우려에서 벗어나지 않을 것이다. 그와 달리 긍정적인 쪽에서는 그것이 삶에 대한 이해의 관점이 달라진 데에 따른 자연스러운 개방 현실이라 받아들일 것이다. 어느 쪽에 서건, 맞선 둘 사이에 나타날 당혹의 편차야말로 오히려 김보성 시가 지닌 사회적 기여도를 고스란히 반영한다. 자율적이고 건강한 성의식 개방과 성적 선진화라는 적극적인 공론화 지평이 그것이다.

김보성 시의 성 과잉과 성애 주도적 맥락은 누구나 즐기면서도 드러내놓고 말하지 않으려는 이중적인 잣대에서 벗어나 있다. 그러한 성화(性化) 양상은 그에 대한 긍부정과 관계없이 독자사회 구성원의 성역할 정체감과 성문화에 대해 새로운 성찰과 학습, 또는 재인식으로 성큼 이끈다. 결과적으로 김보성 시는 성 현실의 개방이라는 성화와 사회적 공론화라는 탈성화를 아울러 겨냥하게 된 셈이다. 그러한 성화와 탈성화의 역동적 동시성이 빚는 당혹스러운 아름다움이 김보성 시의 자리다. 우리시 갈래 안쪽에서부터 비롯하여 시의 사회적 정합성을 오가면서 현재적일 뿐 아니라 뒷날까지 의의가 넉넉할 개성이다.

2025년은 21세기도 청소년기로 접어드는 시기다. 이런 때 김보성의 성애시가 선뵌다. 일찍부터 우리시가 요구했으나 제대로 다가서지도 이루지도 못했던 자리다. 전통 시가사의 맥락에서 보자면 김보성의 작품은 21세기 우리시가 낳은 첫 남녀상열지시(男女相悅之詩)다. 시인의 말대로 "입에 풀칠은/싫으면 안 하고/하고 싶으면 하는 게"(「여름 이야기」) 아니다. 성과 성문화도 마찬가지다. 김보성이 펼쳐 보인 21세기 첫 남녀상열지시가 앞으로 어떤 국면을 열어 나갈지 궁금하다. 그럼에도 한 가지 사실만은 뚜렷해 보인다. 성을 가두고 모순을 지속하려는 억압 현실을 열고 성 선진화로 나아가는 먼 걸음길에 김보성의 당혹스러운 아름다움이 중요 나침반으로서 한결같으리라는 참이다.